Inhalt

Autor: Dr. Bernhard Frevel

Vorwort

Liebe Schülerinnen, liebe Schüler,

es gibt kaum ein anderes Thema, das so häufig auf der politischen Tagesordnung steht wie die Sozialpolitik. Besonders seit dem Beginn des neuen Jahrtausends wird die Auseinandersetzung um die Zukunft und Gestaltung des Sozialstaats und der sozialen Sicherung zwischen den politischen Parteien und in der Bevölkerung sehr kontrovers und massiv geführt. Gesundheitsreformen, Hartz IV, Rentenkrise, demographischer Wandel und Familienpolitik bewegen die Menschen. Was kann und soll Sozialpolitik leisten? Bei dieser Frage geht es nicht um Kleinigkeiten. Jeder von uns ist von Sozialpolitik betroffen. Und der Staat wendet mehr als die Hälfte der öffentlichen Ausgaben für die soziale Sicherung auf – das sind fast fünfmal mehr, als Bund, Länder und Gemeinden für Bildung, Wissenschaft, Forschung und Kultur aufbringen.

Die Gestaltung der **Bundesrepublik Deutschland als Sozialstaat** ist im Grundgesetz festgelegt. Mit der Sozialpolitik reagiert der Staat auf gesellschaftliche Probleme und steuert gesellschaftliche Prozesse. Bei der Ausgestaltung und Auswahl der politischen Maßnahmen orientiert sich der Staat an Umbrüchen in der Wirtschaft. Er versucht den **Wandel der Gesellschaftsstruktur** sozialverträglich zu gestalten, um dem Einzelnen ein **menschenwürdiges Dasein** zu gewähren.

Der vorliegende Band soll Ihnen einen **Überblick über die Grundlagen, Orientierungspunkte und Gestaltungsmöglichkeiten der Sozialpolitik** vermitteln. Ausgehend von soziologischen Betrachtungen der Gesellschaftsstruktur und einer Skizze des beobachtbaren sozialen Wandels werden die Notwendigkeiten und Formen sozialer Sicherung vorgestellt. Es soll deutlich werden, in welchem Ausmaß die Sozialpolitik alle Bürger und deren Lebensgestaltung beeinflusst.

Informative Übersichten und anschauliche Grafiken sowie Karikaturen und Bilder sollen Ihnen die Vorbereitung des Stoffes für den Unterricht, Klausuren und das Abitur erleichtern.

Hierfür wünsche ich Ihnen viel Erfolg!

Dr. Bernhard Frevel

Sozialpolitik als Staatsauftrag

„Die Würde des Menschen ist unantastbar. Sie zu achten und zu schützen ist Verpflichtung aller staatlichen Gewalt.“ (Art. 1 Abs. 1 GG)

Der Mensch und seine Würde sollen im Zentrum der deutschen Politik stehen. Dieser Grundgedanke wird in der Verfassung noch weiter ausgeführt. Ein Leben in Freiheit und Gleichheit, ein Recht auf die freie Entfaltung der Persönlichkeit, auf Leben und körperliche Unversehrtheit, einen Anspruch auf staatlichen Schutz und gesellschaftliche Fürsorge sowie das Anrecht auf politische Teilhabe verheißt das oberste Gesetz unseres Staates. „Die Bundesrepublik Deutschland ist ein demokratischer und sozialer Bundesstaat“, heißt es weiter im Artikel 20 Absatz 1.

Die Väter und Mütter des Grundgesetzes formulierten 1949 einen weitgehenden **Staatsauftrag**, der – anders als viele andere Verfassungen – nicht den Staat und die Regierung, sondern die Menschlichkeit, die Mitmenschlichkeit und die Souveränität der Bürger in den Vordergrund stellt. Der Staat wird verpflichtet, das soziale Wohl der Bürger und Einwohner Deutschlands zu achten und zu fördern, und ihnen wird ein **einklagbares Recht** auf soziale Fürsorge und Daseinsvorsorge gewährt.

Das Verfassungsprinzip der **Sozialstaatlichkeit** ist das eine, die Ausgestaltung dieses Prinzips durch Sozialpolitik ist das andere. Wie viel Sozialpolitik kann und darf es geben, ohne die individuelle Lebensgestaltung damit einzuschränken? Wie wenig Sozialpolitik kann und darf es geben, ohne die Würde des Menschen zu belasten? Auf wessen Bedürfnisse soll Sozialpolitik zugeschnitten werden – nur die der Bedürftigen oder aller? Wie grenzt sich Sozialpolitik eigentlich ab von anderen Politikbereichen, wie z. B. Wirtschaftspolitik, Bildungspolitik, Kulturpolitik oder auch Sicherheits- und Außenpolitik? Oder ist sie als Staatsauftrag eine so genannte „Querschnittsaufgabe“, die in allem staatlichen Handeln eine Rolle spielt?

Gestaltung und Ausmaß der Sozialpolitik sind beständiger Streitpunkt der Politik auf allen Ebenen, also Gemeinden, Ländern, Bund und – vermehrt bedeutsam – Europäischer Union. Parteien, Interessenorganisationen und gesellschaftliche Gruppen formulieren ihre Vorschläge zur Sozialpolitik und im Zentrum der Debatte stehen die urdemokratischen Vorstellungen von Gerechtigkeit und Gleichheit. Darüber hinaus prägen vielfältige gesellschaftliche Konflikte die sozialpolitische Diskussion.

Sozialpolitik als Idee

Sozialpolitik ist in der Bundesrepublik Deutschland eine **Kernaufgabe staatlichen Handelns**. Der Staat verankerte die Aufgabe einerseits in der Verfassung und andererseits in vielen Spezialgesetzen. Die hier zu Gesetzesnormen gebündelte staatliche Pflicht beruht jedoch auf einer Vielzahl an theologischen, staatsphilosophischen, politisch ideengeschichtlichen und humanistischen Grundlagen.

Alle Weltreligionen stellen die Menschlichkeit und Mitmenschlichkeit als göttliche Forderungen dar. Bedürftigen zu helfen, Kranken und Verletzten beizustehen, Solidarität zu üben und den Nächsten zu lieben, Alte und Kinder zu versorgen sowie Gerechtigkeit walten zu lassen, sind Ansprüche, die alle diese Weltreligionen auf ihre spezifische Weise den Gläubigen vermitteln. Diese religiösen Gebote strukturierten das soziale Miteinander in den vorstaatlichen Gemeinschaften und Gesellschaften. Sie sind aber auch für das Zusammenleben im modernen Staat prägend, da sie das soziale Verhalten der Menschen beeinflussen.

Die Herausbildung der modernen **Nationalstaaten**, vor allem im 19. und 20. Jahrhundert, verlagerte einen großen Teil der sozialen Beistandspflicht von den Gemeinschaften und Gesellschaften auf den Staat. Ihm wuchs dadurch eine Menge an Regelungs- und Gestaltungskompetenz zu, die nicht nur die staatlichen Aufgaben zur Gewährung der äußeren und inneren Sicherheit betraf, sondern auch in das wirtschaftliche, soziale und kulturelle Leben, wie z. B. Bildung, und viele andere Bereiche hineinreichte. Der Staat wurde dabei von der engeren Fixierung auf Machtausübung gegenüber den Untertanen gelöst und übernahm zunehmend Aufgaben der **Gesellschaftssteuerung**. Er definiert und steuert durch rechtliche und administrative Regelungen die Struktur der gesellschaftlichen Konflikte, organisiert die Konfliktaustragung in der Gesellschaft und interveniert mit speziellen Institutionen in die Sozialverhältnisse. Auch wenn die Sozialpolitik in den verschiedenen Staaten sehr unterschiedlich gewichtet und organisiert wird, bleibt festzustellen, dass alle entwickelten Industrie- und Dienstleistungsstaaten die soziale Dimension von Staatlichkeit in ihr Staatskonzept aufgenommen haben. Seit mit der Französischen Revolution die Nationalstaatlichkeit ihren Siegeszug antrat, sind die revolutionären Forderungen nach **Freiheit**, **Gleichheit und Brüderlichkeit** auch immer wieder sozialpolitisch gedeutet worden: Freiheit und Gleichheit können sich für den Einzelnen und für alle nur verwirklichen lassen, wenn soziale Gerechtigkeit oder gar soziale Gleichheit das Ergebnis von Brüderlichkeit und Solidarität ist und der Staat dieses regelnd unterstützt.

Diese Vorstellungen spiegelten sich auch in den bedeutsamen Ausprägungen der **politischen Ideengeschichte** des 19. Jahrhunderts wider. Sowohl der Konservatismus als auch der Sozialismus sowie verschiedene Formen des Liberalismus berücksichtigten in ihren Staats- und Menschenbildern die moralisch-sittliche Verpflichtung des Staates und der Gesellschaft, Sozialpolitik zu gestalten. Dabei griffen die Konservativen unter anderem auf die christliche Norm der Solidarität zurück. Die katholische Soziallehre wie auch die protestantische Ethik gaben den konservativen Staatsvorstellungen einen sozialpolitischen Impuls. Soziale Verantwortung habe der Staat spätestens dann zu übernehmen, wenn die Gemeinschaft (z. B. Familie) oder die Gesellschaft (z. B. mit ihren karitativen Organisationen) die Behandlung oder Behebung sozialer Notlagen nicht mehr erbringen könne (Prinzip der Subsidiarität, vgl. S. 76 ff.).

Die diesbezüglichen Forderungen des Sozialismus gehen noch darüber hinaus. Unter dem Eindruck der sozialen Notlagen und der Verelendung der Proletarier im frühen Kapitalismus entwickelten seine Anhänger die Forderung nach Interventionen des Staates. Die „**soziale Frage**“ oder „Arbeiterfrage“, die sich mit der desolaten Lage der Proletarier befasste, sollte mit sozialen Maßnahmen beantwortet werden, um die Lage der Verarmten, der Arbeitslosen, der Witwen und Waisen, der Alten etc. zu verbessern.

Diese Vorstellungen gingen bei den Kommunisten sogar noch weiter und umfassten die Forderung, ein sozialeres, d. h. gerechteres, freieres, solidarischeres Gesellschafts- und Wirtschaftssystem zu installieren. Mit der kommunistischen Revolution sollte der Weg zu einem sozialen Staat begonnen werden, der die Gleichheit der Menschen ins Zentrum politischen und staatlichen Handelns rückt und die sozial schädliche Macht der Kapitalisten über die Proletarier bricht.

Der soziale Liberalismus erkannte gleichfalls das Gefahrenpotenzial des kapitalistischen Wirtschaftens und der einseitigen Orientierung am Privateigentum. John Stuart Mill (1806–1873), ein Vordenker des Liberalismus, stellte das von den Liberalen als besonders wichtiges Gut erkannte Privateigentum zur Disposition, soweit es der allgemeinen Wohlfahrt der Gesellschaft und der sozialen Gerechtigkeit widerspricht. Privateigentum und die Verfügung über Produktionsmittel (z. B. Maschinen) solle zwar grundsätzlich möglich sein, die Nutzung des Eigentums und der Produktionsmittel zum Schaden der Gesellschaft aber unterbunden werden, damit die menschliche Freiheit und Entwicklung prinzipiell für alle möglich werde bzw. bleibe.

Sozialpolitik aus Not

Sozialpolitik ergibt sich jedoch keineswegs nur aus gut gemeinter und überzeugend begründeter Philosophie. In fast allen Fällen entwickelt sich konkretes politisches Handeln weniger aus schönem Denken und altruistischer Motivation, sondern wird durch konkrete Probleme, durch aktuellen Handlungsdruck und durch offenkundige Missstände ausgelöst. In besonderem Maße gilt dies auch für die Sozialpolitik.

Wer Zustandsbeschreibungen des frühen **Kapitalismus** liest und erfährt, unter welchen Konditionen die Arbeiterfamilien im 19. Jahrhundert lebten, wie die Arbeitsbedingungen vom 16-Stunden-Tag, von Lärm, Schmutz, Demütigung, körperlicher und seelischer Belastung bei Hungerlohn geprägt waren, erhält einen ersten Einblick in die Arbeiterfrage. Die soziale Not, die die Familien zwang, auch Frau und Kinder den unmenschlichen Arbeitsverhältnissen auszusetzen, die völlig unzureichenden hygienischen und medizinischen Bedingungen, das soziale Desaster der Hinterbliebenen, wenn ein Ernährer starb, sind für viele Bürger heute nahezu undenkbar.

Hunger, Armut, Elend und Siechtum der Massen sind jedoch nicht nur für die direkt Betroffenen unerträglich. Zu groß werden die sich daraus ergebenden Gefährdungen auch für das Umfeld.

Im 19. Jahrhundert war Kinderarbeit im Bergbau oder der Textilindustrie alltäglich. Obwohl Kinderarbeit in vielen Staaten verboten ist, gibt es noch immer Länder, in denen Kinder schwere Arbeit leisten müssen.

Die aus dieser Lage resultierende Seuchen- und Epidemiegefahr sowie die aus der Not entstandene Kriminalität bedrohten auch die bürgerlichen Schichten. Ferner konnte die Kriegsfähigkeit des Staates beeinträchtigt werden, wenn die Soldaten nicht kampffähig waren. Zudem bestand die Angst, dass die verelendeten Massen den politischen Umsturz anstreben könnten. Die Motive für die ersten Formen von Sozialpolitik im 19. Jahrhundert lagen denn auch weniger im humanistisch geprägten Willen, den Armen zu helfen. Vielmehr ging es den Kapitalisten und den politischen Herrschern darum, die von dieser Not ausgehenden Gefährdungen einzudämmen. Mittels sozialer Zugeständnisse sollte die Bedrohung der innenpolitischen Stabilität durch die Agitation der Sozialisten und Kommunisten abgewehrt und die bestehende Staats- und Wirtschaftsform in ihren Grundzügen bewahrt werden.

Extreme Not- und Elendssituationen waren in der deutschen Geschichte nicht auf die Hochphase des Kapitalismus beschränkt. Auch in den Kriegszeiten 1914 bis 1918 sowie 1939 bis 1945 war die Bevölkerung eklatanten Mangelsituationen ausgesetzt, da das Militär nicht nur Männer als Soldaten rekrutierte, die dann als Arbeitskräfte in Landwirtschaft und Industrie fehlten und als Familienernährer weitgehend ausfielen. Auch die Umstellung der Ökonomie auf Kriegswirtschaft rief Versorgungsengpässe hervor. Einnahmedefizite, Produktionsausfälle und Nahrungsmittelknappheit führten zur Misere der Zivilbevölkerung und hier insbesondere der Frauen, Kinder und Alten. Gravierend schlecht stellte sich ebenfalls die Lage der Kriegswitwen, -waisen und -invaliden dar. Dem Staat als „Verantwortlichen" der Kriege oblag die Aufgabe, den betroffenen Personen notdürftig zu helfen. Versuche, über Lebensmittelkarten den Nahrungsmangel möglichst gerecht zu regulieren, mit Wohnungswirtschaft den Ausgebombten zu helfen, in Heimen die Waisen zu versorgen oder über Arbeitseinsätze einerseits den Arbeitern Einnahmemöglichkeiten zu verschaffen bzw. andererseits die zivile und militärische Versorgungslage zu verbessern, gehörten neben vielen anderen Maßnahmen zum aus der Not entstandenen sozialpolitischen Handlungsspektrum. Aber auch bei diesen Ansätzen waren es weniger Hilfsbereitschaft und Mitgefühl, die die Motive für – im weitesten Sinne – Sozialpolitik lieferten. Der Erhalt der für die Kriegsführung dringend benötigten Wirtschaftskraft, die Aufrechterhaltung von Kriegsmoral und die Förderung von menschlichen Ressourcen für das Militär lagen im Interesse des Staates.

Auch die Nachkriegszeiten der beiden Weltkriege und die dramatische Wirtschaftskrise Ende der 20er-Jahre des 20. Jahrhunderts veranlassten ein umfassendes sozialpolitisches Eingreifen des Staates.

Die Weltwirtschaftskrise führte zwischen 1929 und 1933 zu einem sprunghaften Anstieg der Arbeitslosigkeit in Deutschland. Gab es im September des Jahres 1929 noch 1,6 Millionen Arbeitslose, so waren es Anfang 1933 mehr als 6 Millionen Deutsche, die keine Arbeit hatten. Verzweifelt suchten die Menschen Arbeit, um ihr Überleben zu sichern.

Aus der Not entstandener sozialpolitischer Handlungsbedarf steht immer vor spezifischen Problemen. Wenn die Notlage besonders groß ist, fehlen auch dem Staat wegen der geschwächten Volkswirtschaft und den reduzierten Steuereinnahmen die notwendigen Mittel zur Unterstützung der Bedürftigen. Im Umkehrschluss gilt, dass gerade dann, wenn es dem Staat finanziell zumindest ansatzweise gut geht und die Not der Bevölkerung gemindert ist, die Fähigkeit und Bereitschaft zur Sozialpolitik steigt. Hierbei ist eine **paradoxe Situation** festzustellen: Aus Not geforderte Sozialpolitik fällt eher knapp aus und beschränkt sich auf besonders betroffene Personenkreise, die nur mangelhafte Fürsorge erfahren. In Wohlstandszeiten wird die Soziale Sicherung jedoch ausgeweitet, obwohl der Bedarf weitaus weniger dramatisch ist.

Sozialpolitik als Tugend

Die Sozialpolitik hat ihre Wurzeln im 19. Jahrhundert. Zunächst eng verknüpft mit der so genannten Arbeiterfrage, war der Kern sozialpolitischen Denkens der Schutz der Industriearbeiter vor den negativen Folgen der Industrialisierung. Dementsprechend standen die besonderen Risiken des Industriearbeiterlebens im Vordergrund: Hilfe bei Krankheit und Betriebsunfällen, Unterstützung bei Invalidität und Alter. Erst 1927 kam die Arbeitslosenunterstützung hinzu. Ferner wurden erste Ansätze zum präventiven Schutz der arbeitenden Bevölkerung unternommen, so z. B. mit dem bereits 1828 in Preußen erlassenen, jedoch nur unzureichend durchgesetzten Verbot der Kinderarbeit in Fabriken und Bergwerken für Kinder unter neun (!) Jahren.

Erst in der Weimarer Republik löste sich die Sozialpolitik von der Fixierung auf die Arbeiterfrage. Die allgemeine **Armenpflege** ging bis in das Kaiserreich von der Vorstellung aus, dass Armut das Ergebnis individuellen Versagens oder persönlicher Verfehlungen sei und demnach nicht nach gesellschaftlicher Abhilfe verlange. Die Folgen des Ersten Weltkriegs widerlegten ein solches Verständnis. Millionen von Menschen hatten ihre Existenzgrundlage verloren und waren ohne öffentliche Unterstützung nicht lebensfähig. In dieser Situation wurde 1924 das sozialpolitische Spektrum um die öffentliche Fürsorge, im heutigen Sprachgebrauch die Sozialhilfe, erweitert.

Es war jedoch ein langwieriger gesellschaftlicher und politischer Prozess, die Sozialpolitik von der Arbeiterfrage und der durch Not begründeten Fürsorge zu lösen. Meilensteine auf dem Weg zu einer sozialen Politik waren u. a. die Durchsetzung von ausgehandelten Tarifverträgen, mit denen Mindestarbeitslohn und Arbeitszeiten geregelt wurden (1918, 1949) und die die Arbeiter aus der Falle des Lohndiktats befreiten, ferner Arbeitsschutzbestimmungen (u. a. für Frauen und Kinder 1876, 1903, 1960) sowie Familienförderung durch Kindergeld (1935, 1954).

Ein **gewandeltes Verständnis von Sozialpolitik** entstand in der Bundesrepublik Deutschland seit den 1950er-Jahren. Je mehr sich die Bundesrepublik zum industriellen Wohlstandsstaat entwickelte, desto breiter wurde das sozialpolitische Motiv- und Zielspektrum: Die Arbeitersozialpolitik hat nicht mehr zum Ziel, revolutionären Unruhen vorzubeugen, sondern will die Produktionskraft der Arbeitenden erhalten und fördern.

- Fürsorge und Sozialhilfe dienen nicht mehr nur der Vermeidung von absoluter Armut, sondern sollen dazu beitragen, die (Re-)Integration von Betroffenen in Gesellschaft und Wirtschaftsleben zu ermöglichen.
- Die Gewährung und das Versprechen staatlicher Sozialleistungen dient zur Sicherung der Demokratie und wird im Wahlkampf genutzt, um Wählerstimmen zu mobilisieren.
- Sozialpolitische Initiativen z. B. im Steuer-, Bildungs- oder auch Kulturwesen unterstützen das politische Bestreben nach der Verwirklichung von sozialer Gerechtigkeit.
- Erziehungsgeld (1985), Erziehungsurlaub und Kindergeld werden als sozialpolitische Maßnahmen eingeführt bzw. weiterentwickelt, um die Bevölkerungsstruktur zumindest ansatzweise zu steuern (vgl. S. 13 ff.).

Sozialpolitik wird zwar auch weiterhin als „**Hilfe in der Not**“ gestaltet, gewinnt jedoch als **gesellschaftliches Steuerungsinstrument** zunehmend an Bedeutung. Indem sie sich nicht mehr ausschließlich auf die Bedürftigkeit des Einzelnen bezieht, sondern sich an den gesamtgesellschaftlichen Wandlungsprozessen orientiert, dient sie dazu, gesellschaftliche Veränderungen zu unterstützen oder zu hemmen, sie in ihren sozialen Auswirkungen abzufedern oder das Verhalten Einzelner zu modifizieren.

Sozialpolitik als Politik der Sozialen Sicherung wird programmatisch erweitert um die Politik des **sozialen Ausgleichs**, der ein zentrales Element darstellt. Diese Erweiterung erfordert es, dass sich Sozialpolitik von einer Spezialpolitik für Bedürftige zu einer Querschnittspolitik entwickelt, d. h. die soziale Dimension wird bei einer Vielzahl von politischen Entscheidungen in nahezu allen Politikfeldern berücksichtigt. So wird beispielsweise in der Verkehrspolitik darauf hingewiesen, dass die Mobilität per Bus, Bahn oder Auto auch für Ärmere gewährleistet bleiben muss. Die Bildungspolitik betont, dass ein Studium auch für Angehörige der Arbeiterschicht mit Ausbildungsförderung ermöglicht werden soll, um Begabungsressourcen in der Gesellschaft nicht brachliegen zu lassen. Die Polizei- und Innere-Sicherheits-Politik berücksichtigt die kriminologische Erkenntnis, dass die beste Kriminalpolitik eine gute Sozialpolitik sei, denn Sozialpolitik wirke kriminalpräventiv und mindere die Folgen von Kriminalität.

Die Sozialpolitik löst sich damit auch von der reinen Umverteilungspolitik, wird zum Steuerungsinstrument und schlägt sich nieder im Ehe- und Familienrecht, in der pädagogischen Jugendhilfe, in der Krankenhausplanung, der Regionalpolitik und vielem anderen mehr. Der Staat nutzt Sozialpolitik zur politischen Führung, erweitert dadurch sein Instrumentarium zur Gestaltung von Gesellschaft und Wirtschaft und findet so diverse Möglichkeiten, das Verhalten der Bürgerinnen und Bürger zu beeinflussen. Allerdings wird später auch zu diskutieren sein, in welchem Umfang dies geschieht und welche Defizite in der Sozialpolitik weiterhin bestehen (siehe S. 99 ff.).

Orientierungspunkte der Sozialpolitik

Wenn von Sozialpolitik in der Bundesrepublik Deutschland gesprochen wird, heißt das nicht, dass alle Elemente dieser Politik ausschließlich vom Staat, als Summe von Bund, Ländern und Gemeinden, getragen werden. Vielmehr gibt es eine Vielfalt an Behörden, Institutionen, öffentlich-rechtlichen Körperschaften, gemein- und privatwirtschaftlichen Einrichtungen sowie freien Vereinigungen, die Akteure und Gestalter der Sozialpolitik sind. Gleichwohl gibt der Gesetzgeber mit seinen Normen zur Sozialpolitik einen Rahmen vor, in dem sich diese bewegen. Mit den Sozialgesetzen verfolgt der Staat verschiedene Ziele und die sozialen Leistungen sollen unterschiedliche **Funktionen** erfüllen:

- **Verteilungsfunktion**: Diese betrifft die Verteilung der durch Arbeit erwirtschafteten Mittel. Die auf Gehälter, Löhne und Unternehmensgewinne erhobenen Steuern, Abgaben und Sozialversicherungsbeiträge werden vom Staat und anderen Körperschaften an diejenigen verteilt, die unterstützungsbedürftig sind oder sonstige Ansprüche auf soziale Leistungen haben.
- **Ausgleichsfunktion**: In Deutschland (und auch allen anderen Staaten) bestehen verschiedene Formen der sozialen Ungleichheit, die sich u. a. aus ökonomischen, sozialen, regionalen und kulturellen Ursachen ergeben und die unterschiedliche Chancen und Möglichkeiten im Leben des Einzelnen mit sich bringen. Mit den Maßnahmen der direkten und mittelbaren Sozialpolitik sollen einige Benachteiligungen ausgeglichen werden, um den Betroffenen eine Teilhabe am gesellschaftlichen Leben zu ermöglichen und Gerechtigkeit zu fördern.
- **Integrationsfunktion**: In jeder Gesellschaft gibt es Alte und Junge, Arme und Reiche, Arbeitnehmer und Arbeitslose sowie soziale Randgruppen. Damit die Gesellschaft nicht auseinander bricht, damit Menschen nicht ausgegrenzt werden und damit allen eine Beteiligung an gesellschaftlichen Prozessen ermöglicht wird, unterstützt die Sozialpolitik Integrationsleistungen.

Integration als soziale Antwort auf die soziale Frage

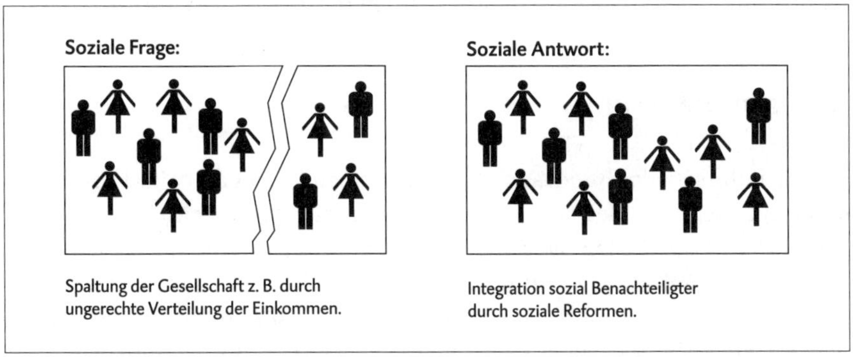

Spaltung der Gesellschaft z. B. durch ungerechte Verteilung der Einkommen.

Integration sozial Benachteiligter durch soziale Reformen.

- **Partizipationsfunktion**: Ein Staat, eine Wirtschaftsgesellschaft und eine Demokratie wie die Bundesrepublik Deutschland lebt von der Partizipation. Die Teilnahme an Konsum und Besitz, an Politik, Bildung und Kultur, an

Produktion und vielem anderen ist ein zentrales Merkmal einer liberalen Gesellschaft. Diese Partizipation beruht auf Voraussetzungen wie z. B. ausreichenden Finanzmitteln für die Lebensführung, offenem Zugang zu gesellschaftlichen Organisationen und Solidarität der Gemeinschaft – diese werden sozialpolitisch unterstützt.

- **Befriedungsfunktion**: Ohne Sozialpolitik würden viele gesellschaftliche Konflikte offen und kontrovers ausgetragen. Der Konflikt zwischen Arbeitgebern und Arbeitnehmern, Armen und Reichen, Integrierten und Ausgegrenzten etc. würde den sozialen Frieden gefährden. Indem Ausbeutung unterbunden, Armut gemindert und gesellschaftliche Teilhabe ermöglicht wird, steigt die Chance, soziale Unruhen zu vermeiden, Kriminalität zu reduzieren sowie die friedliche Konfliktbewältigung zu fördern.

Schon diese kurze Beschreibung wichtiger Funktionen verdeutlicht, dass sich Sozialpolitik nicht ausschließlich an den Interessen einzelner Bevölkerungsgruppen orientiert, sondern die gesamte Gesellschaft im Blick hat. Eine Sozialpolitik, die Ausgleich und Gerechtigkeit, Menschenwürde und Gemeinschaft sowie Recht auf Teilhabe und Schutz in den Vordergrund rückt, muss sich immer sowohl am gegenwärtigen wie auch am prognostizierten künftigen Zustand der Gesellschaft orientieren. Das heißt, dass die Gestaltung der Sozialpolitik die soziale Struktur und die soziale Ungleichheit (vgl. S. 27 ff.) berücksichtigen, dass sie den sozialen Wandel (vgl. S. 37 ff.) einkalkulieren und den gesellschaftlichen Wertewandel (vgl. S. 42 ff.) bedenken muss. Insofern kann Sozialpolitik **nicht statisch** sein, sondern ist gezwungen sich anzupassen, flexibel auf neue Herausforderungen zu reagieren und zielgerichtet zu wirken.

Zusammenfassung

Das Grundgesetz der Bundesrepublik Deutschland rückt die Würde des Menschen ins Zentrum der staatlichen Aufgabenstellung. Es gilt insgesamt ein **Rechts- und Sozialstaatsgebot**. Durchaus politisch strittig ist jedoch die Art, der Umfang und die Gestaltung der Sozialpolitik, wobei für die führenden Parteien in Deutschland festzustellen ist, dass sie Sozialpolitik nicht nur als eine **Spezialpolitik** für Bedürftige, sondern als **Querschnittspolitik** zur Gesellschaftssteuerung begreifen.

Die Idee der Sozialpolitik kann auf **vielfältige Grundlagen** zurückgeführt werden. Die großen **Religionen** begründen ebenso Anforderungen an Beistand für Bedürftige wie die politischen **Ideologien** des Konservatismus, Sozialismus und Liberalismus in verschiedener Form Solidarität und Unterstützungsbereitschaft proklamieren. Auch **staatsphilosophische Überlegungen** beziehen sich auf die Notwendigkeit von Sozialpolitik.

Staatliche Sozialpolitik ging in der deutschen Geschichte zunächst von der so genannten **Arbeiterfrage** aus. Die Minderung von Not und Elend der Proletarier in der frühen Industriezeit war jedoch nicht ausschließlich humanistisch begründet, sondern sollte auch die innere Stabilität des Staates erhalten und einen möglichen sozialistischen Umsturz verhindern.

In Kriegs- und Nachkriegsjahren und anderen Krisenzeiten war Sozialpolitik angesichts großer Not unverzichtbar. Erstmals löste sich die sozialpolitische Ausgangslage von der Unterstellung der selbstverschuldeten Bedürftigkeit und berücksichtigte die Wirkungen von sozialen Strukturen und Prozessen als über-individuelle Begründung von sozialen Missständen. Mit zunehmendem allgemeinen Wohlstand entwickelte sich in der Bundesrepublik Deutschland ein neues Verständnis der Sozialpolitik. Ziele wie gesellschaftliche Integration, Steuerung und Gestaltung sozialer und wirtschaftlicher Umbrüche sowie Legitimitätssicherung für die Demokratie ergänzten das alte Ziel, individuelle Notlagen zu mindern.

Sozialpolitik erfüllt heute mehrere **Funktionen** für Staat und Gesellschaft: sie soll eine möglichst gerechte Verteilung des gesellschaftlichen Wohlstands leisten, einen Ausgleich zwischen sozial ungleichen Gesellschaftsschichten herstellen, die Integration der Menschen fördern und ihnen somit die Partizipation am gesellschaftlichen, wirtschaftlichen und politischen Leben ermöglichen und insgesamt zur Befriedung gesellschaftlicher Konflikte beitragen. Damit sie dies gerecht und zielgerichtet ermöglichen kann, muss Sozialpolitik bei Beachtung der grundlegenden Ziele und Motive die soziale Struktur und den sozialen Wandlungsprozess der modernen Gesellschaft beachten.

Sozialstruktur in Deutschland

Sozialpolitik muss auf Bedingungen und Strukturen der Gesellschaft Bezug nehmen. Ohne die sozialen Beziehungen, die Wirkungszusammenhänge und Konflikte zwischen gesellschaftlichen Gruppen zu kennen, liefe Sozialpolitik Gefahr, wirkungslos zu sein. Im Folgenden sollen – nicht nur für sozialpolitische Entscheidungen – wichtige Elemente der Sozialstruktur betrachtet werden.

Die Gesellschaftsstruktur erschließt sich nicht auf einen Blick und ist nicht eindeutig beschreibbar. „Struktur" meint zum einen die sichtbare oder unsichtbare Anordnung von Teilen in einem Ganzen und verdeutlicht damit dessen innere Gliederung. Zum anderen wird das Wort Struktur gewählt, wenn auf die wechselseitige Abhängigkeit der Teile im Ganzen verwiesen wird. Das Ganze ist in diesem Fall die Bevölkerung der Bundesrepublik Deutschland und die Teile sind die ca. 82 Millionen Menschen, die in ihr leben. Die Beschreibung der Sozialstruktur richtet sich auf das Gefüge, das die Gesellschaft prägt und je nach Blickrichtung gibt es viele Merkmale, die strukturprägend sind.

Soziodemographische Struktur

Die offensichtlichsten und auch objektiv erfassbaren Merkmale der Gesellschaft sind die **soziodemographischen** (sozius, *lat.*: Mitmensch, Gesellschaft; demos, *griech.*: das Volk; graphie, *griech.*: Schreibung, Beschreibung). Die Soziologie verwendet Soziodemographie jedoch nicht in einer allgemeinen Begrifflichkeit, sondern bezeichnet damit bestimmte Gegebenheiten einer Gesellschaft: die Geschlechtsstruktur, die Altersstruktur, die Nationalitätenstruktur sowie deren Verteilung auf dem Staatsgebiet.

Die bevölkerungsstatistischen Daten geben Soziologen, Ökonomen und nicht zuletzt auch Sozialplanern[1] und Sozialpolitikern wichtige Informationen. Aus der Altersstruktur ist ablesbar, wie „alt" oder „jung" die Gesellschaft ist und wie sich diese Struktur mittel- und langfristig wahrscheinlich verändern wird. Solche Informationen sind z. B. wichtig um zu sehen bzw. abzuschätzen, wie sich die Zahl der Arbeitskräfte und Konsumenten darstellt und entwickelt. Für die Sozialpolitik geben die soziodemographischen Daten Aufschlüsse für Handlungsbedarf z. B. bei der Planung der Renten- oder Schulpolitik.

1 Sozialplaner sind meist die in der Administration mit der Sozialplanung betrauten Verwaltungskräfte oder Wissenschaftler, zu denen (neben gen.) auch Demographen, Pädagogen oder Ökonomen zählen.

Bevölkerung am 31. 12. 2002 nach ausgewählten Altersgruppen

		insgesamt		weiblich		
		in 1 000	in %	in 1 000	in %	in % von gesamt
Deutschland	unter 15	12 416	15,0	6 044	14,3	48,7
	15–40	27 501	33,3	13 419	31,8	48,8
	40–65	28 181	34,1	14 029	33,2	49,8
	65 und älter	14 439	17,5	8 701	20,6	60,3
	insgesamt	**82 537**	**100,0**	**42 192**	**100,0**	**51,1**
altes Bundesgebiet (mit Berlin)	unter 15	10 389	15,9	5 058	15,1	48,7
	15–40	21 727	33,2	10 670	31,8	49,1
	40–65	22 016	33,6	10 957	32,7	49,8
	65 und älter	11 396	17,4	6 817	20,3	59,8
	insgesamt	**65 527**	**100,0**	**33 502**	**100,0**	**51,1**
Neue Länder (ohne Berlin Ost)	unter 15	1 593	11,7	775	11,2	48,7
	15–40	4 534	33,3	2 140	30,8	47,2
	40–65	4 971	36,5	2 477	35,6	49,8
	65 und älter	2 519	18,5	1 556	22,4	61,8
	insgesamt	**13 617**	**100,0**	**6 948**	**100,0**	**51,0**

Die Tabelle ergibt, dass Alters- und Geschlechtsverteilung in Ost- und Westdeutschland vergleichbar sind. Während bei den bis zu 40-Jährigen ein kleiner Männer-Überschuss besteht, sind fast zwei Drittel der Senioren weiblich.

Die Verbreitung der Anti-Baby-Pille in den 1960er-Jahren veränderte die Familienplanung und führte zu einem starken Sinken der Geburtenquote. Dieser deutliche **Geburtenrückgang** bei den 20- bis 30-Jährigen wird als „Pillen-Knick" bezeichnet. Um eine Bevölkerung auf dem gleichen Stand zu halten, müssten von 1 000 Frauen 2 100 Kinder geboren werden. 2004 lag die Geburtenquote im Bundesgebiet bei ca. 1 400. Während die Geburtenrate anhaltend niedrig ist, wächst der **Anteil der Senioren** und Hochbetagten (über 95-Jährige) infolge verbesserter medizinischer Versorgung und dadurch steigender Lebenserwartung. Die Gesellschaft wird stetig älter, was erhebliche Anforderungen an die Rentenpolitik als wichtiges Element der Sozialpolitik stellt. Seit 1972 nimmt die Bevölkerung in Deutschland beständig ab, weil mehr Menschen sterben als geboren werden. Dieser Verlust an „Stammbevölkerung" kann durch den **Zuzug von Ausländern** und **Aussiedlern** aufgefangen werden. Seit Mitte der 90er-Jahre sind ca. neun Prozent der Einwohner Deutschlands ausländische Staatsbürger.

Ausländische Bevölkerung in der BRD (Anteil an Gesamtbevölkerung Ende 2003 in %)

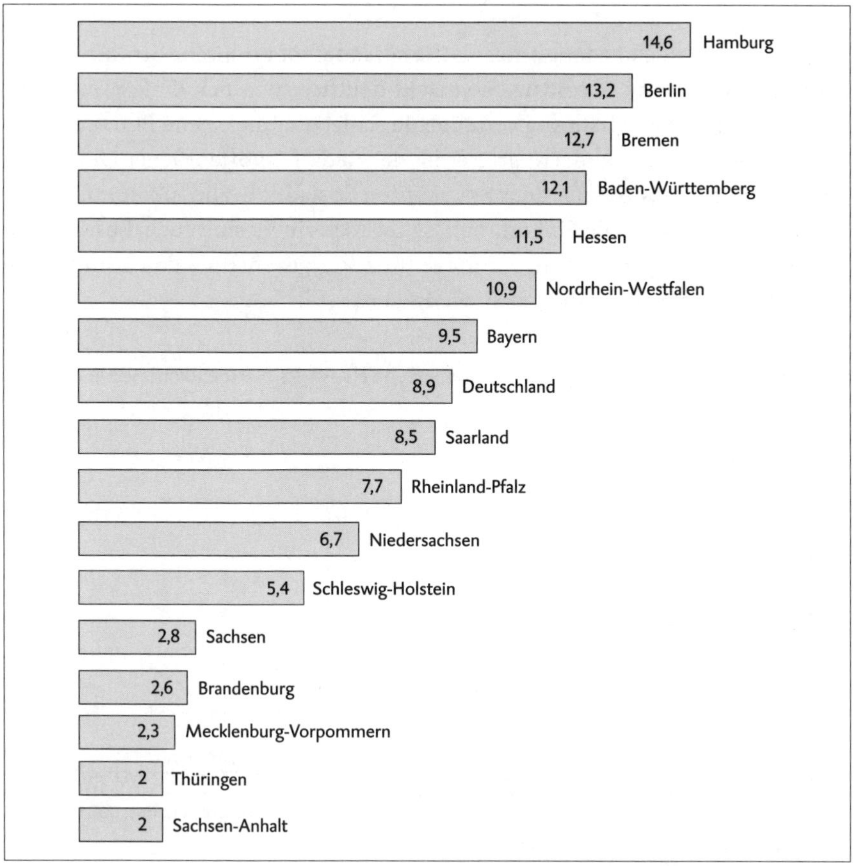

Es ist absehbar, dass mittelfristig der Zuzug aus dem Ausland für Deutschland immer wichtiger wird, um die für die Volkswirtschaft notwendige Zahl an Arbeitskräften zu erreichen, die zudem mit ihren Steuern und Sozialversicherungsabgaben den Sozialstaat handlungsfähig halten. Ein neues Zuwanderungsgesetz, das 2005 in Kraft trat, soll dazu beitragen, dass für Deutschland wichtige Migranten, z. B. für bestimmte Arbeitsbereiche in der Computertechnik oder aber auch für Pflege und Service, einreisen können und mit der Wanderungssteuerung gleichzeitig eine Einwanderungsbegrenzung möglich ist. Die **Integration** der zum Teil seit vielen Jahren im Land lebenden und der weiter hinzukommenden Migranten stellt erhebliche sozialpolitische Anforderungen an die ganze Gesellschaft. Diese beziehen sich nicht nur auf die Leistungen für die Einwanderer, sondern müssen auch die Integrationsbereitschaft und -fähigkeit der deutschen Bevölkerung berücksichtigen.

Sozioökonomische Struktur

Sozialpolitisch noch bedeutsamer als die soziodemographische Struktur ist die **sozioökonomische Struktur**. Sie macht deutlich, wie sich Einkommen und Vermögen in der Bevölkerung verteilen. Je schlechter die eigene Einkommens- und Vermögenslage ist, desto größer ist der Bedarf an öffentlicher Unterstützung zum Lebensunterhalt, der so genannten Sozialhilfe. Hinzukommt, dass je geringer das individuelle Einkommen ist, desto geringer sind auch die Möglichkeiten zur Vermögensbildung, von der im Alter gezehrt werden könnte. Die Einkommensverteilung stellt sich wie folgt dar:

Einkommensverteilung im April 2002 (monatliche Haushalts-Nettoeinkommen in Euro)

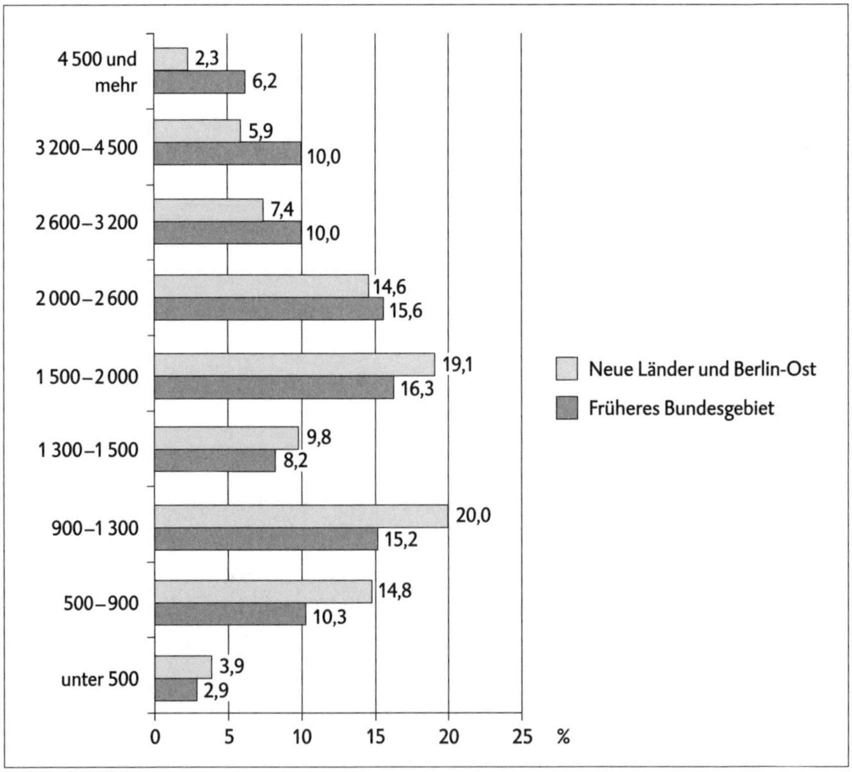

In dieser Grafik wird deutlich, dass die Einkommenslage in den neuen Bundesländern deutlich schwächer ist als im früheren Bundesgebiet. In weiteren Analysen zur **Einkommensverteilung** ist nachweisbar, dass

- Selbstständige und Beamte in der Gruppe der Spitzenverdiener am häufigsten auftreten,
- Arbeiter sowie Angestellte am häufigsten in der Gruppe mit einem mittleren Einkommen von 1 500 bis 2 600 Euro auftauchen,
- die Gruppe der Erwerbslosen (u. a. Arbeitslose, Rentner, Pensionäre) zu ca. zwei Dritteln in der Einkommensklasse unter 1 300 Euro verzeichnet wird,
- die reichsten 20 % der Bevölkerung über 36,4 % aller Einkommen verfügen; die ärmsten 20 % sich jedoch mit 9,3 % begnügen müssen (in Ostdeutschland: 32,9 zu 10,3 %),
- ausländische Arbeitnehmer weniger verdienen als deutsche Arbeitnehmer, mit steigender Tendenz,
- fast jeder Zehnte in Deutschland in Armut lebt (wobei der nicht unproblematische Begriff „Armut“ in diesem Fall so definiert ist, dass weniger als 50 % des durchschnittlichen Einkommens zu besitzen),
- Familien mit Kindern ein erhöhtes Armutsrisiko tragen.

Obwohl im engeren Sinn der sozioökonomischen Struktur nicht zugehörig, aber wegen ihrer Bedeutung für die wirtschaftliche Situation des Einzelnen wichtig, wird die **Bildungsstruktur** in Deutschland unter dieser Rubrik erfasst. Als grobe – im Einzelfall durchaus widerlegbare – Aussage gilt: Je höher der Bildungsstand, desto besser die berufliche Integration und desto höher Einkommen und Vermögen. Die Förderung von Bildung hat daher erhebliche sozialpolitische Relevanz. Seit den 1970er-Jahren hat sich die Bildungslage in Deutschland sehr verändert. Durch die so genannte **Bildungsexpansion** ist ein stetiger Trend zu höheren Schulabschlüssen, zur Berufsausbildung und zum Studium zu beobachten.

Schulabgänger aus allgemein bildenden Schulen

Abschlussjahr	Insgesamt in 1 000	Vollzeitschulpflicht bzw. Hauptschulabschluss (%) ohne	mit	Realschul- bzw. gleichwertiger Abschluss (%)	Hochschul- bzw. Fachhochschulreife (%)
1970	769	17,5	45,0	26,0	11,4
1975	921	11,8	38,2	31,6	18,4
1980	1 105	10,1	35,6	34,5	19,8
1985	1 106	6,6	28,9	37,6	26,9
1990	812	6,6	24,6	34,9	33,8
1995	862	8,8	27,4	38,9	24,9
2000	938	9,2	25,4	39,8	25,6
2003	947	8,9	26,0	40,5	24,7

Zahlen bis 1990 früheres Bundesgebiet

So wie sich im schulischen Bereich der Trend zur höheren Qualifizierung durchsetzte, ist auch im Berufsbereich der Drang zur besseren Ausbildung feststellbar. Der Anteil der un- und angelernten Arbeiter geht kontinuierlich zurück. Hingegen werden die betriebliche Ausbildung sowie die fachhochschulische und universitäre Bildung immer beliebter, wie folgende Tabelle verdeutlicht.

Höherqualifizierung der Erwerbstätigen 1965–2000 (Ausbildungsabschlüsse in %)

	Universität		Fachhochschule, Fachschule, Meister		Lehre, Berufsfachschule, Anlernberufe		Ungelernte	
	Ost	West	Ost	West	Ost	West	Ost	West
1965	3	3	8	9	36	20	54	63
1980	6	6	15	10	56	55	20	29
1989	8	7	18	12	61	58	13	23
2000	8	8	22	15	55	52	10	18

Die Bildungsstruktur ist weiterhin geprägt von folgenden Fakten:

- An Realschulen ist das Geschlechterverhältnis ausgeglichen, das Gymnasium wird geringfügig stärker von Mädchen (56,4 %) als von Jungen besucht.
- In der beruflichen Ausbildung neigen Mädchen eher zu schulischen wie z. B. in Fachschulen, Jungen eher zu betrieblichen Ausbildungsgängen, wie z. B. der klassischen Lehre im Betrieb in Kombination mit der Berufsschule.
- Ausländische Schüler und Schülerinnen besuchen zu einem größeren Anteil die Hauptschulen, während sie an Gymnasien deutlich unterdurchschnittlich repräsentiert sind.
- Auch in der betrieblichen Berufsausbildung sind ausländische Jugendliche unterrepräsentiert.

Soziokulturelle Struktur

Deutlich schwieriger als die nach weitgehend objektiven Merkmalen einzuordnende soziodemographische und sozioökonomische Struktur ist die **soziokulturelle Struktur** der Gesellschaft zu erfassen. Mit dem Begriff der soziokulturellen Struktur ist die Vielfalt an Lebensmustern und **Lebensstilen** gemeint. Hier sind also weniger die objektiven Größen gefragt als vielmehr die subjektiven Einstellungen, z. B. zu Arbeit, zu Familie und Gesellschaft, zu

Bildung, Kultur und Freizeit. Nach welchen Werten gestalten die Menschen ihr Leben? Dient ihnen die tägliche Arbeit lediglich zum Gelderwerb oder möchten sie sich damit selbstverwirklichen? Was bewegt sie – die Freude am Genuss und Konsum, die Lust auf Spaß und der Wunsch nach Abwechslung (zusammengefasst unter dem Begriff des Hedonismus) oder die Karriere, aufbauend auf Leistungsbereitschaft und Durchhaltevermögen?

In vielen Untersuchungen zu Lebensstilen wurden verschiedene Modelle entworfen, mit denen die Vielfalt erfasst und gebündelt wurde. Recht große Akzeptanz fand das von Forschern des Sinus-Instituts entwickelte „Milieu-Modell" (vgl. S. 24 f.). In diesem Modell steht der Begriff **Milieu** für Gruppen Gleichgesinnter, die gemeinsame Werthaltungen und Mentalitäten aufweisen und auch eine ähnliche Art haben, ihre Beziehungen zu Mitmenschen einzurichten, ihre Umwelt zu sehen und zu gestalten. Die sozialpolitische Relevanz der soziokulturellen Differenzierung erschließt sich erst auf den zweiten Blick. Folgende Aspekte sind zu bedenken:

- Die verschiedenen Milieus stehen auch für unterschiedliche Lebensmottos, die unter anderem die Einstellungen zur sozialen Bedürftigkeit prägen. Wer die Haltung einnimmt, dass jeder seines Glückes Schmied oder jeder sich selbst der Nächste sei, hat voraussichtlich auch wenig Neigung, seine Steuergelder für die Versorgung Bedürftiger zu verwenden.
- Die Milieus sind durch Arbeitseinstellungen bestimmt, die u. a. auch die Dauer und Intensität von Betriebszugehörigkeiten, die Zahl der Arbeitsplatzwechsel und die Dauer von Arbeitslosigkeit beeinflussen, was sich auf die Inanspruchnahme von Leistungen der Sozialversicherungen auswirkt.
- Die Milieuzugehörigkeiten sind in politischen Einstellungen zu finden und schlagen sich dort u. a. in den Staatsvorstellungen nieder. Diese Vorstellungen wiederum prägen die Meinung zur Sozialpolitik und gruppieren sich um die Fragen, ob eher der Staat oder ob mehr der Einzelne für die Widrigkeiten des Lebens (Krankheit, Alter, Bedürftigkeit etc.) Vorsorge treffen soll, ob die Solidarität der Gemeinschaft gefordert werden kann oder die individuelle Risikobewältigung im Vordergrund steht.

Statusstruktur

Eher geringe Bedeutung für sozialpolitische Fragen hat die **Statusstruktur**. Die Unterscheidung der Menschen nach ihrem Status beruht auf intersubjektiven Meinungen, sie verdeutlicht, wer in einer Gesellschaft zum „Oben" gehört und die Elite darstellt oder wer zum „Unten“ gezählt und in soziale Randgruppen abgedrängt wird. Die Statusstruktur wird meist von demoskopischen Instituten durch Umfragen erhoben und zeigt z. B. folgendes Ergebnis:

Die Allensbacher Berufsprestige-Skala 2003

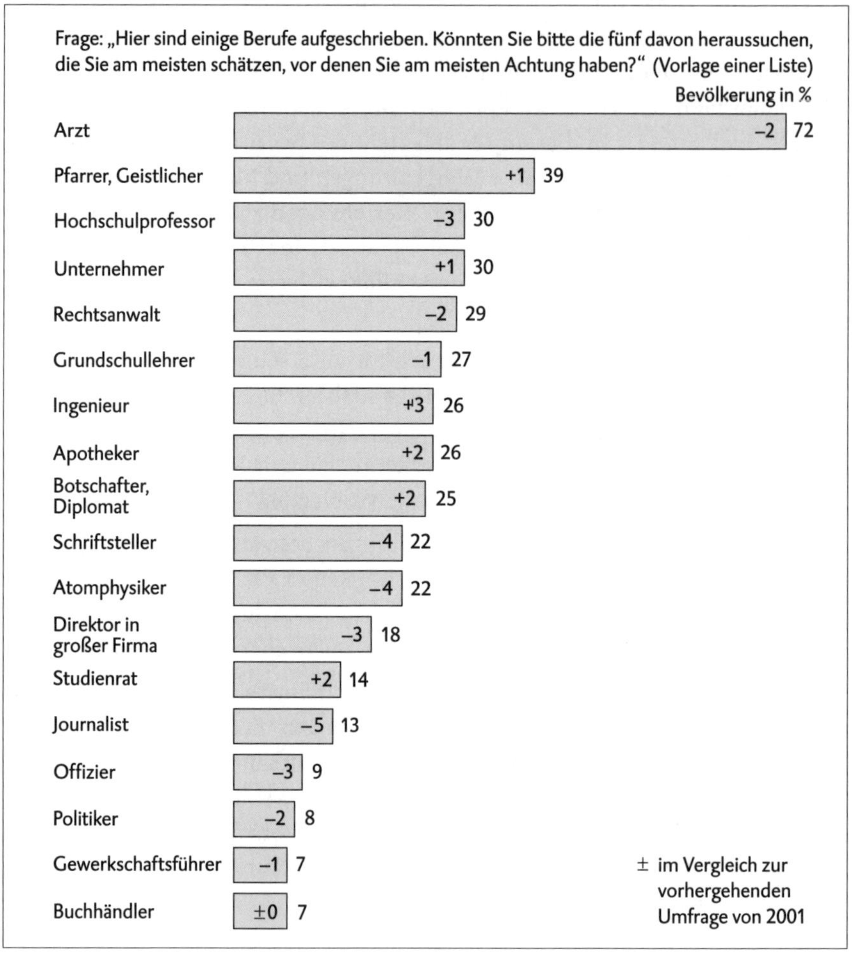

Die Motive zur Einstufung der Berufe sind bei den Interviewten höchst unterschiedlich. Dabei mischen sich z. B. Respekt vor den intellektuellen Leistungen, Einschätzungen von Fleiß und Fähigkeiten, moralische Wertungen, die Meinungen über Autorität oder den gesellschaftlichen Einfluss. Verteilt auf das gesamte Statusspektrum und orientiert am Schichtungsbegriff ergibt sich folgende grobe, unvollständige und nicht unproblematische Einteilung:

Soziale Schichtung nach Status und Prestige

Schicht	Beruf
Oberschicht	z. B. Großunternehmer, Spitzenpolitiker, Hochfinanz
Obere Mittelschicht	z. B. leitende Beamte und Angestellte, Professoren, Ärzte, Rechtsanwälte, Richter
Mittlere Mittelschicht	z. B. mittlere Angestellte und Beamte, Handwerksmeister, hoch qualifizierte Facharbeiter, Einzelhändler
Untere Mittelschicht	z. B. untergeordnete Beamte und Angestellte, Handwerksmeister, hoch qualifizierte Facharbeiter, Einzelhändler
Obere Unterschicht	z. B. unterste Beamte und Angestellte, Kellner, Handwerker, kleine Gewerbetreibende, qualifizierte Arbeiter
Untere Unterschicht	z. B. Straßenarbeiter, Landarbeiter, Hilfsarbeiter, Matrosen
Sozial Verachtete	z. B. Handlanger, Gelegenheitsarbeiter

Modelle zur Analyse der Sozialstruktur

Die ausschnitthafte Darstellung der sozialen Struktur in Deutschland zeigt ansatzweise, welch vielseitige Fragestellung mit dem Thema verbunden ist und wie facettenreich sich die Strukturen präsentieren. Zur Verdeutlichung der komplexen sozialen Differenzierung greifen die Sozialwissenschaften auf Modelle zurück, mit denen die Strukturen grafisch dargestellt werden können. Mehr oder minder intensiv sollen die drei jenseits der demographischen Differenzierung festzustellenden Unterscheidungen verdeutlicht werden. Dies sind

- die **sozioökonomische Struktur**, die weitgehend objektiv messbar ist und auf einer vertikalen Linie von „hoch" bis „niedrig" eingeordnet werden kann (hohes bis niedriges Einkommen; hohe bis niedrige Bildung);
- die **Statusstruktur**, die ebenfalls von einem „Oben" und „Unten" gekennzeichnet ist sowie
- die horizontalen gesellschaftlichen Differenzierungen, die sich entweder auf den Beruf beziehen oder die Lebensmuster bzw. die **soziokulturelle Struktur** berücksichtigen.

Drei Modelle fanden und finden eine große Verbreitung: das „Zwiebel-Modell" (Karl Martin Bolte), das „Haus-Modell" (Ralf Dahrendorf in der Fassung von Rainer Geißler) und das „Milieu-Modell" (Sinus-Institut). In der Gegenüberstellung wird klar, dass die Grafiken zur Darstellung sozialer Schichtung jeweils nur Teilelemente aufnehmen können und der Aussage- bzw. Erläuterungswert kritisch betrachtet werden muss. Gleichwohl ergeben alle drei Modelle einen Einblick in zentrale Bereiche der sozialen Schichtung in Deutschland.

- **Das Zwiebel-Modell: Schichtung der westdeutschen Bevölkerung (60er-Jahre)**
  Das „Zwiebel-Modell" orientiert sich fast nur am „Oben" und „Unten" in der Gesellschaft. Verteilt auf sieben Schichten werden die nach ökonomischen und Statuskriterien gebildeten Kategorien erfasst und quantifiziert.

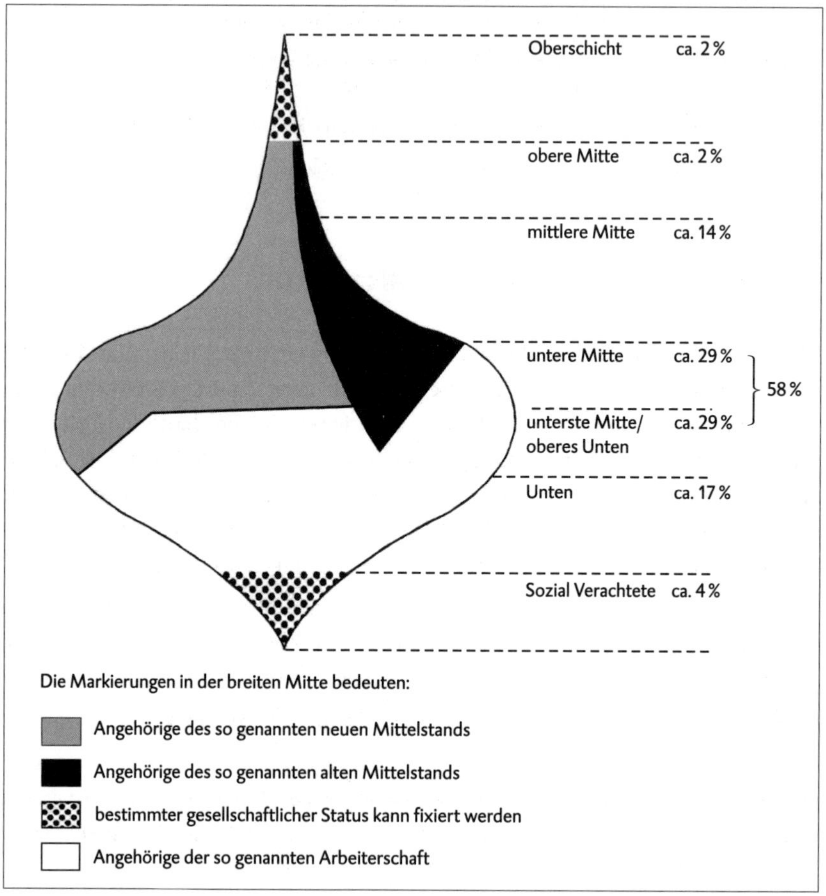

Vorteilhaft an dem Modell ist einerseits die klare Hierarchisierung und andererseits die Verdeutlichung der Quantitäten in den jeweiligen Schichten, besonders auffällig bei der breiten Mitte. Nachteilig ist die geringe Binnendifferenzierung von altem und neuen Mittelstand sowie der Arbeiterschaft.

- **Das Haus-Modell: Soziale Schichtung der westdeutschen Bevölkerung (80er-Jahre)**
  Eine größere Differenzierung des beruflichen Spektrums liegt dem „Haus-Modell" von Rainer Geißler zugrunde. Auch hier ist das „Oben" und „Unten" dargestellt, jedoch nicht an die Klassifizierung von sieben Schichten gebunden. Geißler berücksichtigt in dieser Schichteinteilung verschiedene Kriterien, z. B. die berufliche Stellung. Diese setzt sich u. a. aus folgenden Faktoren zusammen: Funktion (im Sinne von Position) in der wirtschaftlich-gesellschaftlichen Arbeitsteilung mit unterschiedlichen Befehls-, Gehorsams- und Entscheidungskompetenzen, Qualifikation, Einkommen, Prestige und Einfluss. Innerhalb der Arbeiterschaft führt dies dann zur Unterscheidung von un- bzw. angelernten Arbeitern, Facharbeitern und Arbeitereliten. Bei den Dienstleistungsschichten wird zwischen den Mittelschichten (z. B. Beamte des gehobenen und höheren Dienstes, mittlere und leitende Angestellte) und den ausführenden Dienstleistungsschichten (z. B. Busfahrer, Zahnarzthelferin, Friseur, Verkäuferin) unterschieden.

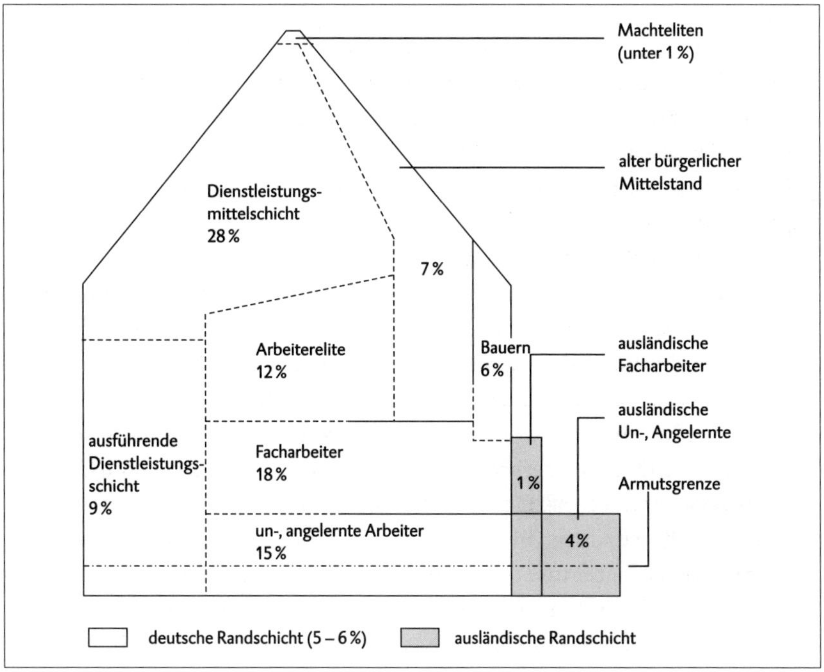

Mit dem grafischen Mittel durchgezogener und unterbrochener Linien zwischen den Schichten wird verdeutlicht, dass diese nicht scharf gegeneinander abgegrenzt sind und die soziale Mobilität einen Aufstieg oder Abstieg sowie Wechsel in parallel angesiedelte Schichten ermöglicht. Dass die ausländische Bevölkerung im Anbau des Hauses untergebracht ist, zeigt die Defizite der sozialen Integration der Migranten auf.

- **Das „Milieu-Modell"**
  Während die vorigen Modelle schwerpunktmäßig berufsbezogene Merkmale berücksichtigen, stellt das „Milieu-Modell" soziokulturelle Orientierungen in den Mittelpunkt. Das Sozial- und Markforschungsinstitut Sinus Sociovision differenziert zehn Milieus. Neben den traditionellen Einstufungskriterien wie formale Bildung, Beruf und Einkommen unterscheiden die Forscher auch nach Alter sowie Lebensstil und -einstellung. Wird also in der Vertikalen, wie auch in den vorher beschriebenen Modellen, die Schichteinstufung vorgenommen, werden in Horizontalen die kulturellen Orientierungen erfasst. Dies reicht von den traditionellen Werten mit Orientierung an Begriffen wie Pflicht und Ordnung über modernere Aspekte mit der Betonung von Individualisierung, Selbstverwirklichung und Genuss bis zur gesellschaftlichen Neuorientierung an Hightech, Spaß und intensivem Leben.
  Es würde zu weit führen, die einzelnen Milieus mit ihren verschiedenen Merkmalen aufzuführen und zu beschreiben. Ein kurzer Blick auf die „Eckmilieus" und das zentrale Milieu der bürgerlichen Mitte kann aber die kulturelle Differenz verdeutlichen:
  Die **Konservativen** bestehen aus dem alten deutschen Bürgertum, sind geprägt von einer konservativen Kulturkritik, folgen einer humanistisch bestimmten Pflichtauffassung und legen Wert auf gepflegte Umgangsformen. Sie sind zumeist älter als 50 Jahre, beruflich etabliert, wohlhabend und gut gebildet. Die gut gebildeten jüngeren **Modernen Performer** stellen die unkonventionelle Leistungselite, gestalten und genießen ein intensives berufliches und privates Leben, setzen mit ihrer Ablehnung von spießbürgerlicher Enge auf Flexibilität. Hightech und Multimedia begeistern sie.
  Auf der Ebene der Unterschicht und unteren Mittelschicht stehen die **Traditionsverwurzelten**. Das Kleinbürgertum und die traditionelle Arbeiterwelt sind ihr Zuhause, sie setzen auf Sicherheit und Ordnung. Es sind vor allem ältere Arbeiter und einfache Angestellte mit zumeist geringer Bildung. Sie sind beruflich häufig eingebunden, aber auch von Arbeitslosigkeit bedroht. Auf der anderen Seite stehen die jüngeren Unterschichtler, die sich den Konventionen und Verhaltenserwartungen der Leistungsgesellschaft verweigern und stattdessen spaßorientiert leben.
  Die **Bürgerliche Mitte** bildet den statusorientierten modernen Mainstream. Sie strebt nach beruflicher und sozialer Etablierung und hoffen auf

gesicherte, harmonische Verhältnisse. Als Facharbeiter und mittlere Angestellte haben sie die Bedingungen der modernen Gesellschaft erkannt und passen diesen ihr Leben an. Für die modellhafte Darstellung gilt:

- je höher das Milieu in der Grafik angesiedelt ist, desto gehobener sind Bildung, Einkommen und beruflicher Status,
- je weiter es sich nach rechts erstreckt, desto weniger traditionell ist die Grundorientierung des jeweiligen Milieus.

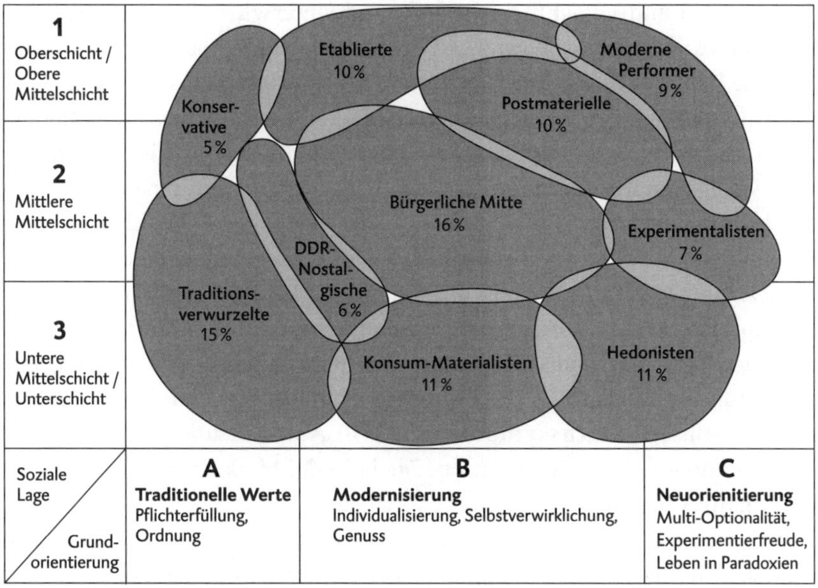

Die Überlappungen der Milieus zeigen, dass die Einordnungen keineswegs trennscharf sind, sondern lediglich Orientierungen widerspiegeln. Dies wird als Unschärferelation der Alltagswirklichkeit bezeichnet: zwischen den verschiedenen Milieus gibt es Berührungspunkte und Übergänge. Die schichtübergreifende Lage der Milieus soll verdeutlichen, dass Gemeinsamkeiten und Unterschiede der sozioökonomischen Lage keineswegs mit Gleichartigkeiten und Differenzen der Lebensmuster übereinstimmen müssen.

Soziale Differenzierung im Alltag

Soziale Differenzierung spiegelt sich auch im Alltag wider, prägt die persönliche Weltwahrnehmung, regelt individuelle Verhaltensweisen und beeinflusst das soziale Handeln. Dies macht sich z. B. im persönlichen Umgang mit höher, gleich oder niedriger gestellten Menschen bemerkbar. In diesem Alltagsphänomen kommt fast das gesamte Spektrum von Gefühlen und Einstellungen zum Tragen: Neid und Verachtung, Respekt und Unterwürfigkeit, An- bzw. Aberkennung von Macht, Intelligenz und Einfluss, die Suche nach der eigenen Identität, die sich durch Zugehörigkeiten und durch Abgrenzungen ergibt.

Doch nicht nur im alltäglichen Individualverhalten ist soziale Differenzierung auszumachen, sie prägt auch kollektive Strukturen. Der Blick auf den Stadtplan der eigenen Kommune zeigt, wie sich die Sozialstruktur in der **Siedlungsstruktur** wiederfindet: Das Villenviertel der Reichen und Wohlhabenden, die Einfamilien- und Reihenhaussiedlungen der oberen Mittelschicht, die Mietshausblöcke der unteren Mittelschicht sowie die Betonburgen mit den sozialen Brennpunkten und die Asylbewerbersammelunterkünfte, die sich häufig am Stadtrand befinden. Die soziale Hierarchie wird in den Betrieben und Behörden durch die Bürogröße, die Büromöblierung und in der Kantinenausstattung visualisiert. **Statussymbole**, wie z. B. Autos, Schmuck und Kleidung, dokumentieren die soziale Position. Die Liste der Merkmale sozialer Differenzierung im Alltag ließe sich beliebig verlängern.

Bedeutsam an dieser Feststellung ist weniger, dass dieses Faktum besteht – denn die soziale Differenzierung zeigt sich seit jeher in diesen Formen. Milieuforscher heben vielmehr hervor, dass die Differenzierung sich vermehrt als soziale Trennung manifestiert: Unterschiede werden dann zunächst als Verschiedenartigkeit und später als Unvereinbarkeiten interpretiert.

Dieser Prozess, der soziologisch als **Segregation**, als ein Auseinanderdriften der Gesellschaft, bezeichnet wird, fördert die Herausbildung von **Subkulturen**, die sich nicht nur auf kulturelle Muster im engeren Sinn beziehen (z. B. Fernsehprogramme, Musikstile), sondern auch bis in politische Sonderformationen reichen. Die Pluralisierung z. B. der Jugend-Subkulturen von Punk, Grunge bis Skins kann als positive kulturelle Vielfalt gesehen werden, ist aber gleichzeitig ein Anzeichen der gesellschaftlichen Segregation, also auch ein Indiz für soziale Defizite im Bereich der Integration.

Soziale Ungleichheit

In jeder Gesellschaft gibt es Ungleichheiten. Einige sind **natürlich**, etwa manche alters- oder geschlechtsbedingten, und die physischen (z. B. körperliche Stärke, Behinderungen) oder Intelligenzunterschiede. Andere Ungleichheiten beruhen jedoch auf **gesellschaftlichen** Konventionen, politischen (Vor-)Entscheidungen oder wirtschaftlichen Bedingungen. Sie beeinflussen jenseits der natürlichen Dispositionen die Lebenschancen der Menschen, sind gesellschaftlich determiniert und werden deshalb als soziale Ungleichheit bezeichnet.

Soziale Ungleichheit ist ein gesellschaftlicher Zustand, in dem die Zugangschancen zu wichtigen Sozialbereichen (z. B. Bildung und Ausbildung, Beruf) für einzelne Personen oder Sozialgruppen erschwert sind. Die ungleiche Verteilung von ökonomischen und sonstigen Ressourcen, von sozialen Positionen und Rängen wird als ein „soziales Problem" angesehen.

Soziale Ungleichheit ist zunächst die empirische Feststellung der in den bisherigen Ausführungen benannten gesellschaftlichen Unterschiede. Bei der Betrachtung der Daten drängt sich jedoch die Frage auf, ob diese Ungleichheiten als gerecht oder ungerecht gewertet werden. Denn die Feststellung von sozialer Ungleichheit sagt zunächst nichts aus über den Grad ihrer Akzeptanz bzw. Ablehnung in verschiedenen Sozialgruppen und Gesellschaften. Die Bewertung lässt sich in drei denkbare Grundpositionen differenzieren:

- soziale Ungleichheit wird, wie z. B. bei Aristoteles, aber auch bei den Sozialdarwinisten[2], als naturgegeben oder als gottgewollt angesehen; ihre Feststellung führt zu keinen politischen Interventionen;
- soziale Ungleichheit wird als Form der sozialen Differenzierung und der Sozialordnung angesehen und akzeptiert, solange bestimmte gesellschaftsspezifische Toleranzgrenzen nicht überschritten werden. Sie wird z. B. durch Chancengleichheit, soziale Mobilität und die Wirkungen des Sozialstaates „aufgebrochen" und kompensiert;
- soziale Ungleichheit wird als ein völlig unakzeptabler gesellschaftlicher Zustand der Ausbeutung und Unterdrückung angesehen und kann nur durch eine revolutionäre Veränderung der gesellschaftlichen Basisstrukturen behoben werden.

Als verbreitetste Grundposition ist in der Bundesrepublik Deutschland die zweite anzusehen. Die marktwirtschaftliche Ausrichtung des Wirtschaftssys-

2 Der Naturforscher Charles Darwin (1809–1882) stellte die Naturentwicklung unter dem Aspekt der Durchsetzung des Stärkeren dar. Diese Grundaussage wird von den sog. „Sozialdarwinisten" auch auf die menschliche Gesellschaft übertragen.

tems zielt auf die Konkurrenz der Betriebe und der Bürger. Der Konkurrenzkampf um Marktanteile sowie um die besseren bzw. besser bezahlten Berufspositionen ist Kernelement dieser Ordnung. Wer besser qualifiziert, wer flexibler und mobiler ist, wer die richtigen Voraussetzungen hat, kann und soll sich durchsetzen. Dabei wird die soziale Ungleichheit als Faktum angesehen. Gleichzeitig bedeutet diese Ordnung auch, dass – zumindest grundsätzlich – ein jeder dank seiner individuellen Fähigkeiten, Interessen und Bedürfnisse die Position erzielen kann, die seiner Persönlichkeitsstruktur entspricht.

Im Prinzip scheint also das gesellschaftliche System offen: Wer gut ist, kann in der gesellschaftlichen Hierarchie nach oben kommen, wer es nicht ist, bleibt in seiner Schicht oder kann auch sozial absteigen. Theoretisch bietet das geschichtete Sozialsystem vielfältige Möglichkeiten der sozialen Mobilität, des gesellschaftlichen Aufstiegs oder Abstiegs. In Sprichwörtern ausgedrückt wäre das Motto unserer Wirtschafts- und Sozialordnung „Jeder ist seines Glückes Schmied". Dies würde schon einen Fortschritt zur weitgehend geschlossenen Stände- und Klassengesellschaft mit ihrem Grundsatz „Schuster, bleib bei deinen Leisten" darstellen.

In der Klassengesellschaft des 19. Jh. war soziale Differenzierung Normalität und allgegenwärtig.

Das wirtschaftliche **Konkurrenzprinzip** wird in der Bundesrepublik Deutschland sozial flankiert: Die Gefahr des sozialen Abstiegs soll zumindest in ihren möglichen Konsequenzen aufgefangen werden. Der sozialen Verelendung, wie sie während der kapitalistischen Epoche in der Klassengesellschaft nicht unüblich war, wird mit verschiedenen sozialen Hilfen des Staates und der Solidarversicherungen entgegengewirkt. Hier tritt die grundgesetzliche Sozialstaatsklausel in Kraft (Art. 20 Abs. 1 GG). Weiterhin unternimmt der Staat verschiedene Anstrengungen, die soziale Mobilität zu fördern, z. B. mit der Schulpflicht. Dahinter steckt der Gedanke, Chancengleichheit oder zumindest Chancengerechtigkeit zu schaffen und dem Einzelnen jenseits der Schichtzugehörigkeit die Möglichkeit zum sozialen Aufstieg zu geben.

Konkurrenz unter Hinnahme sozialer Ungleichheit einerseits und **Solidarität** zur Minderung der Folgen sozialer Defizite andererseits bilden als zwei Grundprinzipien der Gesellschaftsordnung den ideellen Rahmen für die deutsche Sozialstruktur. Nur von Minderheiten werden in Deutschland die beiden anderen Positionen eingenommen.

Chancengerechtigkeit, soziale Mobilität und eigenverantwortliche Entwicklung der Persönlichkeit sind als Ideen und Normen wichtig. Die soziale Realität in Deutschland weicht aber vielfach von diesen Normen ab. So sind es nicht nur die individuellen Fähigkeiten, die die soziale Positionierung bestimmen, sondern auch gesellschaftliche Bedingungen, die einige in ihrer Entwicklung fördern und andere hemmen.

Die Möglichkeiten des sozialen Aufstiegs sind für Kinder aus den sozialen Unterschichten weiterhin recht gering, während sich soziale Probleme in ihrer Lebenssituation kumulieren. Soziale Mobilität ist jedoch auch für andere Gruppen unserer Gesellschaft aus unterschiedlichen Gründen immer noch schwer. Aus dem ganzen Spektrum der in Deutschland festzustellenden sozialen Ungleichheiten sollen an dieser Stelle vier Aspekte näher betrachtet werden.

Vertikale soziale Ungleichheit

Vertikale soziale Ungleichheit bezieht sich auf den Bereich der sozioökonomischen Zugehörigkeit zu einer bestimmten Schicht, die zukünftige Chancen und Möglichkeiten im Leben des Einzelnen beeinflussen kann.

Bildung ist in einem modernen Staat wie der Bundesrepublik Deutschland ein wichtiger, teilweise wesentlicher Bestimmungsfaktor für Möglichkeiten der Lebensgestaltung. Mit ihr verknüpfen sich die Chancen zur sozialen Mobilität, über sie werden Status und Prestige vermittelt. In der Gesellschaftshierarchie haben die schulische Bildung mit ihren Abschlüssen und die berufliche Bildung mit ihren Zertifikaten eine zentrale Platzierungs- und Auslesefunktion.

Ein möglichst hohes (Aus-)Bildungsniveau ist nicht nur für den Einzelnen und seine individuellen Lebenschancen von Bedeutung, sondern hat auch hohe Relevanz für das ökonomische und politische System Deutschlands. Als rohstoffarmes Land konnte es sich seine in der Weltwirtschaft führende Position u. a. über die Standortvorteile der hohen Qualifikation der Arbeitnehmer und der Leistungen in Forschung und Entwicklung sichern.

In Erkenntnis der hohen Bedeutung von Bildung war seit den 1960er-Jahren das Bildungswesen erheblich ausgebaut worden, um breiteren Bevölkerungskreisen den Zugang zu höherer Schulbildung, zu qualifizierten Berufsabschlüssen oder zum Studium zu ermöglichen. Die Bildungsbarrieren in der Arbeiterschicht sollten abgebaut werden, indem die Zugangsmöglichkeiten zu den höheren Schulen eröffnet und finanzielle Förderungen (u. a. BAföG, Lernmittelfreiheit) gewährt wurden, um so die Chancengerechtigkeit für Arbeiterkinder zu erhöhen. Die allgemeine Folge der Bildungsexpansion ist bereits am Anfang dieses Kapitels dokumentiert: Immer mehr Kinder besuchen Realschule und Gymnasium, immer mehr junge Menschen absolvieren eine Berufsausbildung und auch die Zahl der Studenten ist stark gestiegen. Insgesamt haben die Kinder aller Berufs-, Einkommens- und Bildungsschichten von der Bildungsexpansion profitiert. Umstritten ist, ob die Maßnahmen ausreichten, um Chancengerechtigkeit herzustellen und ob sie dazu dienten, den Kindern der Arbeiterschicht den Anschluss an die anderen Schichten zu eröffnen.

In verschiedenen Untersuchungen wurde festgestellt, dass sich der Anteil der Kinder aus der Arbeiterschicht, die das Gymnasium besuchen oder studieren ab den 1970er-Jahren bis zum Jahr 2000 fast verdoppelte. Die Kinder aus Beamten- und Angestelltenfamilien haben von den verbesserten Zugangsmöglichkeiten zu höherer Bildung jedoch noch stärker profitiert. Jüngere Bildungsstudien, wie z. B. PISA, belegen, dass der Schulerfolg der Kinder im Wesentlichen von der Bildung und der Schichtzugehörigkeit ihrer Familien abhängt. Das bedeutet, dass von **schichtspezifischen Bildungschancen** gesprochen werden muss und die eigentlich angestrebte Aufstiegsmobilität der unteren Schichten nur sehr bedingt erkennbar ist.

Schichtspezifische Bildungschancen: Schulbesuch von 15-Jährigen 2000

Schicht der Bezugspersonen	Besuch Sonder- und Hauptschule	Besuch Gymnasium
Un-/angelernte Arbeiter	48	11
Facharbeiter	37	16
Mittlere und gehobene Angestellte und Beamte	14	45
Führende Angestellte und Beamte	14	52

Die schichtspezifisch unterschiedlichen Zugänge zu höherer Schulbildung bewirken auch, dass der Hochschulbesuch der Kinder aus Arbeiter- bzw. Angestellten- und Beamtenfamilien verschieden ausfällt:

Studienanfängerquote an Universitäten nach dem Beruf des Vaters

	1980	1990	2000
Beamte	33	49	53
Angestellte	22	28	26
Selbstständige	21	27	41
Arbeiter	4	7	7

(in % der Gleichaltrigen)

Die jüngere Entwicklung im Hochschulrecht mit der Aufhebung des Verbots von Studiengebühren kann – so eine Befürchtung – dazu führen, dass Kinder aus ärmeren sozialen Verhältnissen noch häufiger auf den Besuch einer Universität verzichten. Die sich ohnehin schon weitende statt schließende Bildungsschere würde noch weiter geöffnet.

Eine Reihe **familiärer Gründe** lässt sich für dieses Phänomen finden: Unterschiedliche Erziehungs- und Umgangsweisen sowie verschiedene Mediennutzungen der oberen und unteren Schichten gehören dazu, aber auch sozioökonomische Bedingungen. Wenn die unteren Schichten nicht genügend Geld besitzen, um ihren Kindern ein eigenes Zimmer mit eigenem Arbeitsplatz zu geben, ihnen intellektuelle Anreize über Bücher, Bilder, Musikinstrumente oder Reisen zu vermitteln und sie nicht in der Lage sind, Nachhilfeunterricht zu finanzieren, so wirkt sich dies direkt auf die Bildungschancen aus.

Auch die **Schule** vermag es kaum, den Chancenvorsprung der Angehörigen der Mittelschicht auszugleichen. Die Institution Schule und die in ihr arbeitenden Lehrer bilden – zumeist ungewollt – ein Milieu mit starker Mittelschichtsorientierung, das sich auf das Urteils- und Ausleseverhalten der Lehrkräfte, die Inhalte des Unterrichts, die Leistungsbewertung und die Organisationsstrukturen auswirkt. Die schichtspezifischen Defizite der Kinder werden häufig nicht ausgeglichen, vielmehr bieten sich den Privilegierten weitere Vorteile und den Benachteiligten werden weitere Hürden in den Weg gestellt. Das sozialpolitische Ziel, über Bildungsexpansion den Kindern aus den unteren Schichten Chancengleichheit oder Chancengerechtigkeit zu bieten, ist insgesamt nur ansatzweise erreicht worden. Dies ist nicht nur für die Lebenschancen der betroffenen Kinder problematisch, auch für Staat und Wirtschaft ergeben sich Nachteile, wenn Begabungsreserven nicht ausreichend genutzt werden.

Ein zweites Beispiel für vertikale soziale Ungleichheiten, also für schlechtere Lebenschancen der Unterschichtsangehörigen gegenüber den oberen Schichten, findet sich bei dem sozialen Problem der **Kriminalität**. Grundsätzlich gilt, dass kriminelles Verhalten in allen Schichten, in allen Generationen, bei beiden Geschlechtern und bei Angehörigen aller Nationen auftritt. Gleichwohl ist die Tatverdächtigenbelastung zwischen den genannten Gruppen nicht gleich verteilt: Nach polizeilicher Wahrnehmung sind die meisten Tatverdächtigen jung und männlich. Aber auch die Schichtzugehörigkeit wirkt sich zum einen auf die Kriminalitätsbelastung und zum anderen auf die informelle und formelle soziale Kontrolle aus.

Raub, Diebstahl, Einbrüche und Aggressionsdelikte wie Körperverletzung, Nötigung und Totschlag sind eher typisch für die Unterschicht, während Betrug, Unterschlagung oder Steuerhinterziehung häufiger in den Mittelschichten anzutreffen sind. Eine Reihe kriminologischer Theorien beschreibt die erhöhte **Kriminalitätsgefährdung der unteren Schichten**. So lautet eine zentrale These des Anomie-Theoretikers Robert K. Merton: „Trotz unserer herrschenden Ideologie von der ‚offenen Gesellschaft' erfolgt sozialer Aufstieg relativ selten und ist namentlich für solche Leute schwierig, die kaum eine formale

Ausbildung und nur geringen finanziellen Rückhalt besitzen. So führt der herrschende Druck zur schrittweisen Aufgabe legitimer, aber im großen und ganzen unergiebiger Versuche, und zur zunehmenden Anwendung illegitimer, dafür aber mehr oder weniger wirksamer Mittel."[3] Weitere Theorien verweisen auf Sozialisationsdefizite bei den unteren Schichten, aus denen dann abweichendes Verhalten entsteht, oder nennen die Bedeutung von Lerneffekten, wenn z. B. ein Jugendlicher in seinem sozialen Umfeld Gewalt und Kriminalität erlebt und daraus gewalttätiges und kriminelles Verhalten lernt.

Eine andere Theorie stellt weniger die schichtspezifische Kriminalität, als vielmehr eine **schichtspezifische Kriminalisierung** in den Vordergrund. Nach dieser These werden Personen mit den Kennzeichen der Unterschicht eher als tatverdächtig eingestuft, deshalb häufiger polizeilich kontrolliert, eher bei Vergehen und Verbrechen ertappt und härter bestraft. Angehörige der Mittelschicht geraten hingegen seltener unter Tatverdacht, da sie weniger intensiv beobachtet werden und sich häufig besser vor Entdeckung schützen. Mittelschichtler kennen außerdem ihre Rechte und wissen diese auch zu nutzen.

Die Zusammenhänge zwischen sozialer Lage und Kriminalität sind seit langem bekannt und so ist der schon 100 Jahre alte Satz des Kriminologen Franz von Liszts tief ins kriminalpolitische Bewusstsein gerückt: Die beste Kriminalpolitik ist eine gute Sozialpolitik.

Horizontale soziale Ungleichheit

Neben der vertikalen sozialen Ungleichheit zwischen den gesellschaftlichen Schichten betrachtet die Soziologie auch die so genannte horizontale soziale Ungleichheit. Bei diesen Ungleichheiten geht es nicht um die sozioökonomischen, sondern um die soziodemographischen und soziokulturellen Differenzierungen in der Gesellschaft. Zwei der diversen horizontalen Ungleichheiten sollen kurz skizziert werden.

Grundsätzlich und grundgesetzlich gilt ein klares Diskriminierungsverbot: Männer und Frauen sind gleichberechtigt, niemand darf wegen seines Geschlechts benachteiligt oder bevorzugt werden. Wiederum klafft zwischen dem Anspruch und der gesellschaftlichen Realität eine Lücke, die in dem geringen Prozentsatz von Frauen in Führungspositionen in Wirtschaft, Politik und Verwaltung, in ihrem überproportionalen Anteil an Arbeitslosen, in ihrer Mehrfachbelastung in Berufs-, Familien- und Hausarbeit, in ihrer Minderheitenposition in politischen Parteien und Interessenorganisationen etc. offenkundig

3 Robert. K. Merton: Sozialstruktur und Anomie. In: Sack, F. und R. König (Hg.): Kriminalsoziologie, Wiesbaden 1979, 182–213.

wird. Bereiche, in denen Frauen überproportional zu finden sind, z. B. als „Hausfrauen“, in sozialer Ehrenamtlichkeit oder in den „typisch“ weiblichen Dienstleistungsberufen wie Friseurin, Verkäuferin oder Putzfrau, haben einen eher geringen sozialen Status. Noch immer ist es gesellschaftliche Realität, dass Frauen häufiger auf ihre eigene Karriere verzichten, um ihren Partnern die berufliche Entwicklung zu ermöglichen und diese zu unterstützen. Die Frauen hingegen, die sich beruflich durchsetzen möchten, haben vielfach mit erheblichen familiären Belastungen zu leben, da häusliche Arbeitsteilung weiterhin ungerecht gehandhabt wird.

Es ist die sozialpolitisch relevante Frage, ob die natürlichen Ungleichheiten von Mann und Frau die sozialen Ungleichheiten zwischen Männern und Frauen ausreichend begründen oder wie die sozialen Benachteiligungen von Frauen, die – wenn auch abgemildert – immer noch bestehen, gemindert oder beseitigt werden können. Viele Frauen sind sozial und wirtschaftlich abhängig von ihren Ehepartnern. Sie sind eine Heirat von der sozialen Sicherheit und eine Scheidung von der Armut entfernt, wie es der Münchener Soziologe Ulrich Beck einmal ausdrückte. Hierin steckt ein großes sozialpolitisches Problem, das die Sozialhilfestatistik deutlich belegt.

Gleichstellungspolitik, Maßnahmen zur Verbesserung der Vereinbarkeit von Familie und Beruf, frauenspezifische Förderprogramme der beruflichen und akademischen Qualifikation sowie Kinderbetreuungsangebote sind ein Teil der sozialpolitischen Maßnahmen. Hinzukommt frauenspezifische Sozialpolitik hinsichtlich der **sozialen Sicherung** z. B. nach einer Scheidung oder nach dem Tod des Ehepartners (Hinterbliebenenrente), soziale Anerkennung von Familien- und Erziehungszeiten etc.

Trotz eines grundgesetzlichen Diskriminierungsverbots, sind Frauen durch soziale Zwänge und Rollenverständnisse in der Realität benachteiligt.
Die ungleiche Verteilung bei Kindererziehung und Hausarbeit zwischen Frauen und Männern erschwert Frauen die Teilhabe am gesellschaftlichen Leben und eine berufliche Karriere.

Eine weitere Form der horizontalen Ungleichheit findet sich im **regionalen Lebensbereich**, da die Lebensbedingungen und Chancen der Lebensgestaltung zwischen Stadt und Land, Nord und Süd sowie – für das vereinigte Deutschland besonders wichtig – Ost und West recht unterschiedlich sind. Einige Stichwort sollen diese Ungleichheiten illustrieren:

- Stadt-Land-Differenzen: Zahlreiche Unterschiede in der Infrastruktur haben vor- und nachteilige Auswirkungen auf die Lebensgestaltung. Während für das Dorfleben eine hohe soziale Nähe spricht, die Kriminalität deutlich geringer ist als in den großen Städten und Lebenshaltungskosten für z. B. Miete oder Eigenheim relativ niedrig sind, stehen dem einige Nachteile gegenüber. Das Arbeitsplatzangebot ist meist nicht so vielseitig und zahlreich. Das kulturelle Angebot mit Museen, Galerien, Konzertstätten, Theatern und Bibliotheken ist in den Städten deutlich besser. Auch die Ausstattung mit öffentlichem Personennahverkehr, mit Schulen und Hochschulen, Freizeitstätten, Gastronomie und Jugendtreffs weist zwischen Stadt und Land große quantitative und qualitative Unterschiede auf.
- Ost-West-Differenzen: Die sozialstrukturellen Verschiedenheiten sind auch nach über fünfzehn Jahren Vereinigung bedeutend. Obwohl im Osten deutliche Angleichungsprozesse bei der vertikalen Sozialstruktur auszumachen sind, bestehen gravierende Diskrepanzen. Infolge der Übernahme der westdeutschen Wirtschafts-, Verwaltungs-, Sozial- und sozialen Sicherungsordnung und der damit verbundenen Entwertung der ehemaligen DDR-Strukturen sowie der Besetzung wichtiger Positionen durch westliche Wirtschafts-, Politik- und Verwaltungseliten, entwickelte sich bei vielen Bürgern der ehemaligen DDR das Gefühl der sozialen Minderwertigkeit gegenüber den „Westlern“. Neue Lebensstile, Ausdrucksformen, Subkulturen und Werte sowie die rasante Durchsetzung der für die marktwirtschaftlichen Systeme inzwischen charakteristischen „Ellbogenmentalität“ bei gleichzeitiger Reduktion der gesellschaftlichen Solidarität verstärkten das Gefühl der Zweitrangigkeit. Neben dieser eher mental fundierten Ungleichheit zwischen Ost und West sind weiterhin große Unterschiede festzustellen: Eine überproportional höhere Arbeitslosigkeit; Defizite in der sozialen Infrastruktur; ein einerseits – aus ökonomischen Gründen – (zu) langsamer und gleichzeitig – aus sozialen Gründen – (zu) schneller Auf- und Ausbau privatwirtschaftlicher Strukturen sowie die Erfahrung der Auswirkungen von sozialer Mobilität sind für die Ostdeutschen Probleme, welche die Systemtransformation mit sich bringt.

Zusammenfassung

Die Analyse der Sozialstruktur ist eine unabdingbare Voraussetzung für die Gestaltung einer zieladäquaten Sozialpolitik. In der Soziologie werden insbesondere vier Strukturbereiche untersucht:

- Bei der **soziodemographischen Struktur** steht die Alters- und Geschlechtsstruktur im Vordergrund, aber auch die Siedlungsstruktur sowie die Nationalitätenstruktur werden betrachtet. Sozialpolitisch bedeutsam ist vor allem der aktuelle demographische Wandel.
- Unter dem Aspekt der **sozioökonomischen Struktur** wird die gesellschaftliche Verteilung von Einkommen und Vermögen, aber auch von Bildung betrachtet.
- Die **soziokulturelle Struktur** verdeutlicht die Lebensmuster und Lebensstile, die Einstellungen zu Beruf, Arbeit, Freizeit, Partnerschaft und Familie. Mit soziologischen Methoden werden gleichartige Lebensmuster zu sozialen Milieus zusammengefasst.
- Die **Status- oder Prestigestruktur** zeigt, wie die Gesellschaft den Rang ihrer Mitglieder einstuft. Die intersubjektive Rangordnung setzt z. B. den Arzt oder Rechtsanwalt höher als den Grundschullehrer oder Buchhändler. Anhand dieser Statusstruktur wird auch eine Schichteinteilung vorgenommen.

In Modellen zur Sozialstruktur versuchen die Soziologen das „Oben" und „Unten", die Chancen zur sozialen Mobilität, die sozialen Differenzierungen der Lebensmuster und sozioökonomische Unterschiede theoretisch zu erfassen und grafisch darzustellen. Die Sozialstruktur ist keineswegs nur ein Feld der akademischen Beschäftigung, sondern prägt die Wahrnehmung und das Handeln der Menschen, spiegelt sich im Berufsleben wider und findet ihren Niederschlag in der Siedlungsstruktur der Städte. Die Analyse dieses Aspekts verweist auf sozialpolitisch bedeutsame Entwicklungen. Die **Segregation** nimmt zu, d. h. die Gesellschaft driftet auseinander, die Solidarität nimmt ab, die Orientierung in einer sich kulturell ausdifferenzierenden Gesellschaft fällt immer schwerer und neue Konkurrenzen und Ängste beeinflussen die individuelle Haltung.

Eine besondere Bedeutung für die Sozialpolitik haben die Phänomene der **sozialen Ungleichheit**. Im Sozialsystem Deutschlands wird soziale Ungleichheit weitgehend als eine Form der sozialen Differenzierung angesehen und akzeptiert, solange bestimmte gesellschaftsspezifische Toleranzgrenzen nicht überschritten, sondern z. B. durch soziale Leistungen teilweise kompensiert werden. Dabei versteht sich die deutsche Gesellschaft prinzipiell als offene Gesellschaft, in der jeder seines Glückes Schmied sein kann. Das marktwirtschaftliche Konkurrenzprinzip wird dabei auch auf die Gesellschaft angewandt und sozial flankiert. Chancengerechtigkeit, Ermöglichung sozialer Mobilität und selbstverantwortliche Entwicklung der Persönlichkeit werden dabei als Norm akzeptiert.

Trotz dieser Grundhaltung sind vielfältige Formen von sozialer Ungleichheit, von Benachteiligung und Ausgrenzung gesellschaftliche Realität. Hierbei wurde unterschieden zwischen vertikaler und horizontaler Ungleichheit.

- **Vertikale soziale Ungleichheit** umfasst die schichtspezifisch ungleichen Bedingungen der Lebensgestaltung. Der Zugang zu Bildung, die Chancen zur Besetzung von Berufspositionen mit höheren Einkommen und Prestige sowie zur gesellschaftlichen und politischen Teilhabe ist stark von der Schichtzugehörigkeit abhängig. Auch hinsichtlich der Kriminalitätsbelastung fallen schichtbedingte Unterschiede auf.
- **Horizontale soziale Ungleichheit** verläuft nicht an vertikalen Schichteinteilungen, sondern bezieht sich auf soziale Differenzierung. So ist z. B. die Situation der Frauen in Deutschland weiterhin von sozialen Benachteiligungen geprägt. Weitere horizontale soziale Ungleichheiten sind regional bedingt.

Die Sozialpolitik ist nach dem weithin geltenden Verständnis von sozialer Ungleichheit gefordert, die Unterschiede zu mindern, Betroffenen Lebenschancen zu eröffnen und Integration anzustreben. Dabei bezieht sich diese sozialpolitische Norm auch auf die Gestaltung von Wirtschaftspolitik, Jugendpolitik, Infrastrukturpolitik und weitere Politikfelder. Dies erfordert den Einsatz erheblicher Finanzmittel für z. B. Arbeitslosengeld oder Sozialhilfe. Nicht zuletzt dafür wurde 1995 der so genannte Solidaritätszuschlag als Ergänzungsabgabe zur Lohn- und Einkommensteuer eingeführt.

Sozialer Wandel

Sozialer Wandel ist ein natürlicher Prozess in jeder Gesellschaft. Er umfasst die Veränderungen der Sozialstruktur einer Gesellschaft in ihren grundlegenden Institutionen, Kulturmustern, zugehörigen sozialen Handlungen und Bewusstseinsinhalten. Sowohl auf der gesellschaftlichen Mikro-Ebene, also bei den Individuen und ihren engeren Bezügen in Familien und Gruppen, wie auch auf der sozialen Makro-Ebene mit ihren umfassenden wirtschaftlichen und politischen Ordnungen sind Wandlungs- und Umbruchprozesse zu verzeichnen.

Die Richtung und Reichweite der Veränderungen wird vielfach schon durch die eine Prozesshaftigkeit betonende Bezeichnung, wie z. B. Industrialisierung, Globalisierung oder Individualisierung dargestellt. Keine Gesellschaftsstruktur, zum Beispiel die der heutigen Bundesrepublik Deutschland, ist ganz einfach „nur da", sondern hat sich vielmehr in jahrzehnte- und jahrhundertelangen Prozessen entwickelt. Teilweise verlief diese Entwicklung langsam, fast nicht wahrnehmbar und ist erst in der rückwärtigen Betrachtung erkennbar, teilweise sind aber markante Entwicklungssprünge festzustellen, die jedem Mitglied der Gesellschaft bewusst waren oder sind.

Selten wurde sozialer Wandel so offensichtlich wie am 10. 11. 1989 in Berlin. Der Fall der Mauer war der Ausgangspunkt für die Transformation Ostdeutschlands vom sozialistischen in das marktwirtschaftliche System der Bundesrepublik. Mit dem Vollzug der Wirtschafts-, Währungs- und Sozialunion am 1. 7. 1990 sowie der staatlichen Vereinigung am 3. 10. 1990 wurde dieser Prozess rechtsgültig. Die Folgen der Wiedervereinigung, die bis heute fortwirken, stellen die Sozialpolitiker vor viele neue Herausforderungen.

Die Auslöser für sozialen Wandel kommen aus den verschiedensten Bereichen des Sozialsystems. Die technische Erfindung der Dampfmaschine eröffnete im 19. Jahrhundert neue Möglichkeiten der Güterproduktion und löste den durchgreifenden Wandel von der Agrar- zur Industriegesellschaft aus. Diese Industriegesellschaft wiederum veränderte die Siedlungsstruktur erheblich (Stichwort: Verstädterung) und führte auch zur „Einführung" der Kleinfamilie. 1989/1990 zwangen die DDR-Bürger mit einer friedlichen Revolution den „real existierenden Sozialismus" in die Knie, es kam zur Vereinigung mit der Bundesrepublik, zur Entstehung von Marktwirtschaft und zur Übernahme des westdeutschen Bildungs- und Rechtswesens in den neuen Ländern.

Viele **technische Erfindungen** wie Radio, Fernsehen oder Computer gaben Impulse für sozialen Wandel im Familienleben. Ebenso waren Veränderungen in den Lebensmustern und **Moralvorstellungen** wichtige Auslöser von Anpassungsprozessen im Bereich des Rechts oder der Wirtschaft.

Um den sozialen Wandel, dessen Ursachen und Wirkungen sozialwissenschaftlich besser analysieren zu können, haben Soziologen verschiedene Theorien und Modelle entworfen. Dabei wählten sie, aufbauend auf ihre Erkenntnisinteressen oder Zielsetzungen, sehr unterschiedliche Perspektiven. Karl Marx z. B. beschrieb in seinem Werk den sozialen Wandel von den archaischen über die feudalistischen und kapitalistischen Gesellschaften hin zur kommunistischen Gesellschaft als einen historisch zwingenden Prozess, der von Klassenkämpfen ausgelöst wurde. Norbert Elias bezog seine Analyse auf einen stetigen Prozess der Zivilisierung und geht dabei von Konkurrenzen und Abgrenzungstendenzen zwischen gesellschaftlichen Gruppen aus. Viele Modernisierungstheorien, z. B. von Joseph Schumpeter oder Karl Mannheim, rückten Analogien zum biologischen Lebenszyklus in den Vordergrund. Wichtig für die empirische Sozialforschung sind vor allem Theorien und Modelle, die soziale Wirkungszusammenhänge erläutern können und hierbei die soziologische Makro-Perspektive auf die Gesamtgesellschaft wählen. Große Bedeutung gewann die von dem amerikanischen Soziologen Talcott Parsons (1902–1979) stammende Theorie des Strukturfunktionalismus. Ein wesentlicher Gedanke von Parsons ist, dass

- das Sozialsystem sich aus **vier Subsystemen** zusammensetzt, wobei er das ökonomische, das politische und das soziokulturelle Subsystem sowie die gesellschaftliche Gemeinschaft unterscheidet,
- diese vier Subsysteme sich gegenseitig beeinflussen, also **interdependent** sind, und
- untereinander über Austauschprozesse in Verbindung stehen, also **interaktiv** sind.

Modell des Sozialsystems nach Parsons

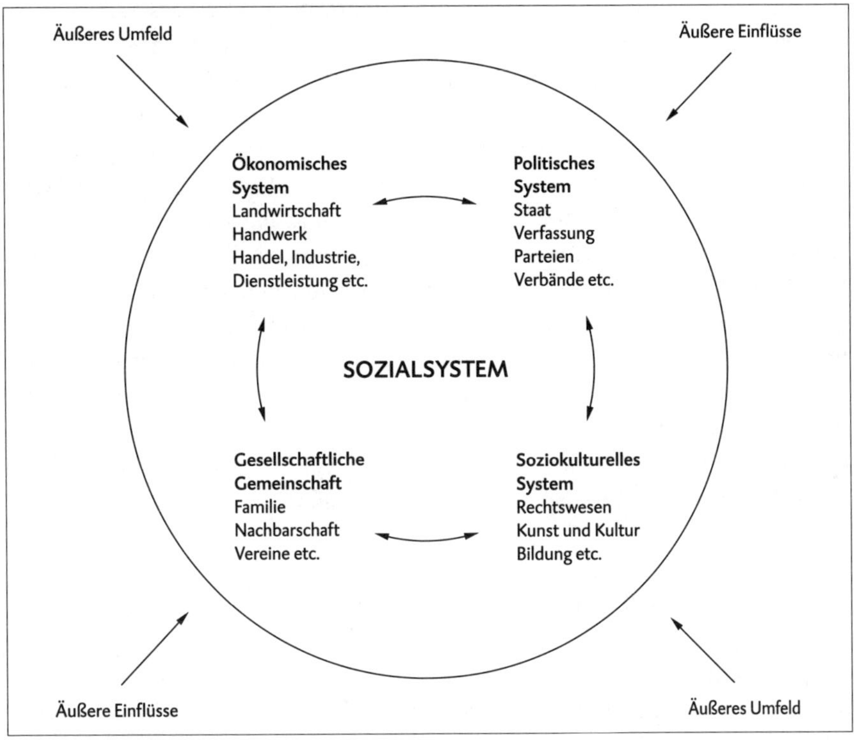

In der Grafik kann man leicht nachvollziehen, wie technische und wirtschaftliche Entwicklungen, die z. B. im ökonomischen Subsystem entstehen, die anderen Systeme beeinflussen. Dies soll am Beispiel des **Internet** verdeutlicht werden. Das Internet war lange Zeit ausschließlich ein Computernetz der Wissenschaft und des Militärs. Erst die Verbreitung der Personal-Computer im privaten Bereich seit den späten 1980er-Jahren machte das Netz auch für nicht-wissenschaftliche und nicht-militärische Inhalte interessant. Mitte der 1990er-Jahre setzte eine Entwicklung ein, die bis heute alle Bereiche des Sozialsystems beeinflusst. Das **ökonomische System** bemühte sich, die Nachfrage nach PCs zu befriedigen; neue Dienstleistungsberufe für Kommunikation und Internet-Marketing entstanden. Nahezu alle Unternehmen versuchen inzwischen, sich im Netz zu präsentieren und Produktberatung und Vertrieb über das Internet zu gestalten. Die **gesellschaftliche Gemeinschaft** reagierte auf diese Angebote mit dem Kauf internetfähiger PCs. Statt abends im Sessel zu lesen, wird heute häufig im Netz gesurft, um Informationen zu sammeln, den Urlaub zu buchen, das billigste Angebot für die Waschmaschine herauszusuchen. Viele

Kinder fordern ihren eigenen Netzzugang und nutzen das neue Kommunikationsinstrument unbefangen. Das **soziokulturelle System** passt sich dem Internet-Zeitalter an: „Schulen ans Netz" und Informatikunterricht sind Schlagworte für den Bildungsbereich; Internetkurse an der Volkshochschule sind Standardangebot. Das Rechtssystem setzt sich mit Fragen des Handelsrechts auseinander, muss Antworten finden auf neue Probleme wie Computerspionage, Urheberrechtsverletzungen oder rechtsradikale Websites. Das **politische System** ist gefordert, Rechtssicherheit und Verbraucherschutz zu garantieren, sich auf neue demokratische Beteiligungsmuster einzustellen oder Finanzmittel für die PC-Schulausstattung im Haushalt bereitzustellen. Und alle diese Reaktionen wirken sich wiederum auf die anderen Subsysteme aus: Die politische Forderung „Schulen ans Netz" impliziert, dass die Universitäten Lehrer mit Computerkenntnissen ausbilden, dass die Schulbuchverlage auf die neue Nachfrage reagieren, etc. An drei Bereichen soll im Folgenden dargestellt werden, wie sich der soziale Wandel vollzieht, welche Wirkungen er hat und welche sozialpolitischen Schlussfolgerungen zu ziehen sind.

Umbrüche der Industriegesellschaft

Seit der Industrialisierung ab dem zweiten Drittel des 19. und insbesondere des 20. Jahrhunderts zählt Deutschland zu den führenden Wirtschaftsnationen. War jedoch bis in die frühe Bundesrepublik die Industrie von Maschinenbau, Automobilherstellung, Stahlproduktion und Chemie geprägt, vollzog die Wirtschaft am Ende des 20. Jahrhunderts einen durchgreifenden Wandel, der auch als „zweite industrielle Revolution" bezeichnet wird. An Bedeutung verlor die Schwerindustrie und die Güterproduktion, während High-Tech-Industrie, das Informations- und Kommunikationsgewerbe sowie der Dienstleistungssektor einen rasanten Aufschwung erlebten.
Einige Daten sollen die Umbrüche der Wirtschaft ansatzweise skizzieren:

- Das Bruttoinlandsprodukt als Maß der gesamtwirtschaftlichen Leistung stieg von 302,7 Milliarden DM (das entspräche ca. 150 Mrd. Euro) im Jahr 1960 auf 2 178 Milliarden Euro im Jahr 2004.
- Die gesamte **Beschäftigungsstruktur** hat im Verlauf des letzten Jahrhunderts einen starken Wandel vollzogen. In der Land- und Forstwirtschaft sinkt die Beschäftigungsquote dramatisch, die Zahl der Angestellten in der Warenproduktion geht sukzessive zurück, während die Beschäftigungen im Dienstleistungssektor (Bildung, Kommunikation, Finanzen, Verwaltung, Logistik etc.) einen enormen Aufschwung erfuhren.

Moderne Produktionstechniken und -vorgänge sind ebenfalls Zeichen sozialen Wandels.

- Der Verkehr wuchs zwischen 1950 und 2002 von 88 auf 866 Milliarden Personenkilometer. Allein im Auto und auf dem Motorrad wurden 2002 mehr als 80 % dieser Strecken zurückgelegt. Die Zahl der Pkws stieg von 540 000 im Jahr 1950 auf mehr als 45 Millionen im Jahr 2004 (+ 8 333 %).
- Der Energieverbrauch wuchs zwischen 1950 und 2002 um das 3,6-fache.

Solche Daten verweisen nicht nur auf einen Wandel der Wirtschaft, sondern spiegeln sich auch in der Gesellschaft wider. Insgesamt ist die deutsche Gesellschaft mobiler und deutlich reicher geworden. Den Anforderungen nach Flexibilität kommt sie nach, indem auf ein deutlich erhöhtes Bildungsniveau zurückgegriffen wird und indem eine **Internationalisierung** nach innen (über Zuzug von Migranten) und nach außen (Europäisierung, Globalisierung) erfolgt.

Der Wandel von der Industrie- zur **nachindustriellen Gesellschaft**, den der amerikanische Soziologe Daniel Bell schon Anfang der 1970er-Jahre beschrieb, hat vielfältige Folgen für das Sozialsystem Deutschlands:

- Bildung, Wissen und technische Kompetenz sind wichtige Ressourcen, die sowohl über den individuellen Rang jedes Bürgers in der Gesellschaft entscheiden als auch für die internationale Stellung Deutschlands immer mehr an Bedeutung gewinnen.
- Die soziale und politische Entscheidungs- und Gestaltungskompetenz verlagert sich von den ehemaligen Eliten des Adels in der vorindustriellen und der Geschäftsleute in der industriellen auf Techniker, Forscher und akademisch gebildete Verwaltungskräfte in der nachindustriellen Zeit.
- Der Druck, die über mehr Wissen und demokratische Bewertungskompetenz verfügende Bürgerschaft per Volksentscheid auch an formellen politischen Beschlüssen zu beteiligen, nimmt zu.

- Die Sozialstruktur ist hinsichtlich Status und Prestige weniger von der Verfügung über Grund, Boden und Produktionsmittel als vielmehr von der Verfügung über Wissen geprägt. Auch die Schichteinstufung berücksichtigt vermehrt die formale Bildung und die berufliche Anwendung von Wissen.
- Insgesamt erweitert sich das politische Spektrum. Neben den politischen Parteien, die voraussichtlich auch weiter das parlamentarische Geschehen beherrschen, gewinnen Interessenverbände, Bürger- und Selbsthilfeinitiativen, soziale Bewegungen sowie intellektuelle Meinungsführer an Einfluss.
- Ferner wird verstärkt gefordert, dass der Staat Entscheidungskompetenzen wieder an die Gesellschaft und ihre Subsysteme zurückgibt.

Unter diesen veränderten Gesellschaftsbedingungen muss sich auch die staatliche Politik den neuen Herausforderungen stellen. Die sozialpolitische Herausforderung bezieht sich auf die Erweiterung des Arbeitspektrums von der primär wirtschaftlichen Sicherung hin zu Maßnahmen der **Förderung von gesellschaftlicher Partizipation**.

Wertewandel

Es sind nicht nur objektive ökonomische, politische und soziale Bedingungen vom Wandel betroffen. Auch die Einstellungen der Menschen, ihre Bewertungen der sie umgebenden Strukturen, ihre handlungsleitenden Überzeugungen und ihre Haltung gegenüber gesellschaftlichen Problemen wandeln sich. Einstellungen, Überzeugungen und Bewertungen beruhen auf **Werten**.

Werte werden zu einem erheblichen Teil während der Sozialisation über Eltern und Schule vermittelt, sind kulturell und traditionell ausgeformt sowie vielfach auch, z. B. in der Verfassung oder dem Rechtswesen, institutionalisiert. Werte der bürgerlichen Revolution, wie Gleichberechtigung, Toleranz, Geistes- und Gewissensfreiheit, entstanden während der Aufklärung und bilden heute eine wichtige Grundlage der Demokratie und Verfassung in der Bundesrepublik Deutschland. Sie beruhen jedoch auch auf einer individuellen Wertefindung und -entwicklung, die z. B. auf persönliche Erfahrungen, Interessen und Neigungen oder auf Wissen und Denken aufbaut.

Schon seit den 1960er-Jahren konnte man einen tief greifenden **Wertewandel** in den westlichen Demokratien und dementsprechend auch in Deutschland feststellen, der zum Gegenstand der soziologischen Forschung wurde. Je nach eigenem Werteverständnis wird dieser Prozess von den einen als natürlicher Wandel sowie als Wertepluralisierung bezeichnet, von anderen jedoch als

Werteverfall beklagt. Ohne diesen Wertewandel zu beurteilen, lässt er sich als ein Trend erfassen. Dieser Trend geht – in der Begrifflichkeit von Ronald Inglehart – von materialistischen zu **postmaterialistischen Werten** bzw. – im Sinne der Speyerer Wertforschung von Helmut Klages – von Pflicht- und Akzeptanzwerten hin zu **Selbstentfaltungswerten**.

Inglehart verknüpft den Wertewandel seit den 1960er-Jahren mit der Bedeutungsminderung der **materiellen Werte**, die sich um materielle Sicherheit, Wohlstandsmehrung, Besitz und Besitzstandswahrung drehen. Nachdem der Wohlstand für einen erheblichen Teil der Gesellschaft zur Selbstverständlichkeit geworden ist, orientiert sich diese Bevölkerungsschicht an **postmateriellen Werten**, die den materiellen hierarchisch übergeordnet sind. Nach der materiellen „Sättigung", die der Befriedigung der physiologischen und Sicherheitsbedürfnisse dient, werden die Bedürfnisse nach sozialer Zugehörigkeit und Teilhabe, nach Anerkennung und Statusverbesserung sowie nach Selbstbestimmung handlungsrelevant. Auch die politische Partizipation, das soziale Engagement für andere oder auch Hilfsbereitschaft gegenüber z. B. der Dritten Welt sind im Rahmen der Selbstaktualisierung höherrangige Bedürfnisse. Nicht mehr nur „Haben", sondern „Genießen" und soziales „Sein" erringen eigenständigen Wert. Für diese Theorie greift Inglehart auf das von dem Psychologen Maslow entworfene Modell der Bedürfnispyramide zurück. Die ihr zugrunde liegende Theorie besagt, dass erst nach Befriedigung der jeweils niedrigeren Bedürfnisse die hierarchisch höheren Bedürfnisse relevant werden.

Die Maslowsche Bedürfnispyramide

Zwei wesentliche Aspekte der Theorie sind zu berücksichtigen:

- Der Bedeutungszuwachs der postmateriellen Werte kommt nicht bei allen Bevölkerungsgruppen gleichermaßen zum Tragen. So sind es vorrangig die Jüngeren, die besser Gebildeten sowie die Besserverdienenden, die sich aufbauend auf ihre soziale Sicherheit, den postmateriellen Werten zuwenden.

- Dennoch wirken die von den Postmaterialisten vorangetriebenen gesellschaftlichen Veränderungen, z. B. hinsichtlich des Bedeutungsgewinns von Kultur, der Betonung von Bildung oder der politischen Mitwirkung, auf die Materialisten zurück – bei ihnen steigt das Bedürfnis nach sozialer Teilhabe.

Diesem Wertewandelprozess muss die Sozialpolitik entsprechen. Eine rein an materialistischen Aspekten orientierte Soziale Sicherung wird den gewandelten Ansprüchen auf gesellschaftliches Miteinander nicht mehr gerecht. Neben den materiellen, in der Regel finanziellen Sozialleistungen treten die sozialen Dienste, die die Lebensgestaltung ansprechen, mehr in den Vordergrund.

Zu den von der Speyerer Wertforschung angesprochenen **Pflicht- und Akzeptanzwerten** gehören beispielsweise Ordnungsliebe, Fleiß, Gehorsam, Unterordnung und Pflichtbewusstsein, während die **Selbstentfaltungswerte** die Selbstständigkeit, Verantwortung, Selbstbestimmung, den freien Willen, die Emanzipation und die Freiheit betonen. Wie stark diese Werte sich verschoben haben wird deutlich, wenn die Erziehungsziele der Eltern betrachtet werden. Vertrat das Ziel „Gehorsam und Unterordnung“ 1960 noch jeder vierte Erziehungsberechtigte, so verfolgt es in den 1990er-Jahren nur noch jeder Zehnte. Dem Ziel „Ordnungsliebe und Fleiß“ fühlten sich damals noch fast die Hälfte verbunden und heute sind es nur noch ca. 33 %. „Selbstständigkeit und freier Wille“ haben als bevorzugte Erziehungsziele hingegen von 32 auf fast 65 % zugelegt.

Die gewachsene Bedeutung von Werten wie Selbstständigkeit und Selbstaktualisierung bewirkt, dass sich die Menschen bzgl. ihres Lebensstils, ihrer Vorlieben und ihrer partnerschaftlichen und beruflichen Präferenzen nicht mehr so stark beeinflussen lassen. Eine fast unüberschaubare Vielfalt an Haushalts- und Partnerschaftsformen, an Arbeitseinstellungen, an sozialen Bindungen, an kulturellen Orientierungen und an Moden prägt heute unsere Gesellschaft. Traditionelle Lebensläufe werden seltener, „Bastelbiografien“ kommen häufiger vor. Die Menschen lassen sich weniger von der Familie und von der Kirche, von den Erziehungsinstitutionen oder von Moralträgern ihre Lebensgestaltung diktieren. Das bedeutet, dass es heute mehr Freiheiten gibt, die jedoch mit wirtschaftlichen und sozialen Unsicherheiten und Risiken verbunden sind.

Auf dem Weg zu neuen Gesellschaftsformen?

Eine veränderte Wirtschaftsstruktur, gewandelte Wertprioritäten, neue Formen politischer Partizipation und neu interpretierte soziale Hierarchien haben die deutsche Gesellschaft in den letzten Jahrzehnten ständigen Erneuerungen unterworfen. Ob diese Veränderungen nun als gut oder schlecht bewertet werden, hängt von vielen subjektiven Faktoren ab. Die eigenen Interessen und Wertvorstellungen spielen dabei ebenso eine Rolle wie das Ausmaß an Betroffenheit durch die Umbruchprozesse. Ein Modernisierungsgewinner, der über einen guten Job verfügt, beruflich zufrieden und sozial integriert ist, wird sie völlig anders beurteilen als der Modernisierungsverlierer, der soziale und/oder wirtschaftliche Nachteile hinnehmen muss.

Die Bewertung hängt auch davon ab, welche Aspekte des sozialen Wandels betrachtet werden. Die Wahl des Blickwinkels ist für die Analyse der bundesdeutschen Gesellschaft besonders wichtig. Denn so sehr sich die Gesellschaft auch wandelt – es sind sehr verschiedenartige Prozesse zu beobachten. Die vier sozialen Subsysteme reagieren unterschiedlich schnell und intensiv, die Veränderungen verlaufen nicht gleichgerichtet, sondern sind auch widersprüchlich, sich gegenseitig hemmend oder auch manchmal forcierend. Je nachdem welcher Blickwinkel gewählt wird, bekommt man recht unterschiedliche Vorstellungen von der Gesellschaft, was sich dann in spezifischen Bezeichnungen der gewandelten oder sich wandelnden Gesellschaft äußert: Risikogesellschaft, Freizeitgesellschaft, Dienstleistungsgesellschaft, Erlebnisgesellschaft, Informationsgesellschaft, Kommunikationsgesellschaft, Wegschaugesellschaft, Zivilgesellschaft etc. All diese Titel verweisen auf unterschiedliche Dimensionen des sozialen Wandels und sie machen in der Zusammenschau deutlich, dass die deutsche Gesellschaft vor allem eine höchst differenzierte und damit auch **unübersichtliche Gesellschaft** geworden ist.

Manche den Begriffen zugehörige sozialwissenschaftliche Theorie bezieht sich primär auf die wirtschaftlichen Veränderungen und leitet aus diesen die Folgen für die Gesellschaft ab. So beziehen sich die **Dienstleistungs-, Informations- und Kommunikationsgesellschaft** vornehmlich auf die Folgen der schon vorgestellten nachindustriellen Gesellschaft. Dienstleistungen sind inzwischen nicht nur hinsichtlich der Arbeitsplätze von größter Bedeutung für die deutsche Wirtschaft. Auch das Bruttoinlandsprodukt wird inzwischen überwiegend durch Beschäftigungen im Tertiären Sektor und nicht mehr durch Warenproduktion oder Landwirtschaft erzeugt. Einen Boom erlebten in den letzten Jahren die auf Kommunikation und Information aufbauenden Dienstleistungen. PCs und Internet, mobiles Telefonieren, e-commerce und Online-

Banking stehen als Stichworte für die Arbeits- und Freizeitwelt der neuen Gener@tion. Die Entwicklung zur Informations- und Kommunikationsgesellschaft bewirkte eine **Beschleunigung der Gesellschaft**. Informationen über Waren und Dienstleistungen müssen schneller und umfassender an den Kunden gebracht werden.

Doch nicht nur die Wirtschaft ist von der Kommunikations- und Informationsgesellschaft betroffen. Die Bürger als Kunden und Mediennutzer geraten ebenfalls unter Druck, sich mit Handy, PC und Laptop in der veränderten Informationswelt zu bewähren. Computerkenntnisse, Internet-Kompetenz und Sprachfähigkeiten werden in der kommunikativ zusammenrückenden Welt immer häufiger vorausgesetzt und dienen als Eintrittskarte in die Berufswelt. Bürger ohne diese bewährten sog. Schlüsselqualifikationen stehen zunehmend am Rand der Gesellschaft. Diesen Bedingungen müssen auch die Sozialpolitik und das Bildungswesen Rechnung tragen.

Wieder andere Theorien beziehen sich auf die **sozialen Wirkungszusammenhänge**, gehen also der Frage nach, was die Gesellschaft zusammenhält oder auch auseinander treibt. Die **Wegschaugesellschaft** und die **Zivilgesellschaft** werden hier als Beschreibungen des Ist- oder Soll-Zustandes des Gemeinwesens herangezogen. Beide Ansätze sind eher politisch normativ orientiert als soziologietheoretisch untermauert. Der „Aufhänger" für die Beschreibungen ist die stellenweise beobachtbare Distanz der Menschen zueinander. Obdachlose und Bettler werden verstärkt ausgegrenzt und aus den Innenstädten und Bahnhöfen vertrieben, einem Opfer von Straßenkriminalität wird in seiner Not nicht beigestanden, gegenüber dem rechtsradikalen Mob kuscht die Masse. Das Wegschauen bei offensichtlichen Missständen, bei Verletzungen der Menschenwürde oder bewussten Beschädigungen von Privat- und Gemeineigentum (Graffiti, Vandalismus etc.) mag zwar den Einzelnen momentan entlasten, trägt aber zur erheblichen Belastung der Gesellschaft bei. Es fördert die **Desintegration** und Segregation, entzieht der Gesellschaft sukzessive ihre Lebens- und Legitimitätsgrundlage und es zerstört die für gemeinschaftliches Leben notwendige Solidarität. Dieser Wegschaugesellschaft soll die Zivilgesellschaft ein Gegengewicht setzen. Die Menschen sollen hingucken statt wegschauen, widersprechen statt schweigen, Zivilcourage entwickeln statt den Rückzug ins Private vollziehen.

Die Idee der Zivilgesellschaft geht jedoch noch weiter. Wenn die Menschen sich nicht nur als Individuen begreifen, die sich um ihr eigenes Wohl sorgen und die Ellbogen zur Durchsetzung ihrer individuellen Interessen einsetzen, sondern sie sich als Teil von nachbarschaftlicher Gemeinschaft, schulischem oder betrieblichen Kollektiv verstehen und das Gemeinwohl verfolgen, dann kann auch Gesellschaft funktionieren. Ein tätiges Engagement für die gemeinsamen Interessen würde letztlich die Menschen entlasten.

Andere Theorien rücken die **Lebensgestaltung** der Menschen in den Vordergrund: Die Theorien zur **Freizeit- und Erlebnisgesellschaft** verweisen darauf, dass der Mensch von seinen ca. 660 000 Lebensstunden (entsprechend der statistischen Lebenserwartung von 75 Lebensjahren) nur ca. 63 000 Stunden der Erwerbsarbeit widmet. Nun sind nicht alle anderen 600 000 Stunden Freizeit; dennoch ist das freie Zeitbudget inzwischen größer als das Arbeitszeitbudget. Die Freizeitgestaltung dient in der Erlebnisgesellschaft nicht mehr primär der Reproduktion der Arbeitskraft und der Rekreation, sondern erhält zusätzlich die Funktion, Element und Ausdruck der persönlichen Identität zu sein. Neben traditionellen identitätsbestimmenden Rollen in der Familie und im Beruf treten Freizeitbezüge weiter in den Vordergrund. Nach der Art ihrer Freizeitgestaltung lassen sich Menschen unterscheiden und sozialen Milieus zuordnen, wie es der Bamberger Soziologe Gerhard Schulze in seinem 1992 erschienenen Buch „Die Erlebnisgesellschaft“ tat. In seinem Milieumodell verknüpft er Alterslagen und Bildungsschichten mit den Freizeitgestaltungsmustern. Drei Grundtypen von kulturellen Schemata legt er dabei zugrunde: Das Hochkulturschema, das geprägt ist von den traditionellen, bildungsbürgerlichen Werten und der Kontemplation, das Trivialschema, das auf das Genussideal der Gemütlichkeit ausgerichtet ist, sowie das Spannungsschema, das die „Action“ in der Rockmusik, die Thriller-Unterhaltung und die ständige Abwechslung betont. Aus diesen Merkmalen differenziert Schulze fünf kulturelle Milieus. Diese konstituieren eine Gesellschaftsstruktur, in der es weniger ein anerkanntes „Oben“ und „Unten“ gibt, wie in der Klassengesellschaft, sondern vielmehr ein distanziertes Nebeneinander der Milieus festzustellen ist.

Die Erlebnisgesellschaft wird nach Schulzes Ansicht zum Ausdruck der sozialen Segregation. Die Herausbildung der Erlebnisgesellschaft beruht vor allem auf einem Wandel im sozialen Subsystem der „gesellschaftlichen Gemeinschaft“ (vgl. S. 39). Entsprechend der Interdependenz- und Interaktionsregeln reagieren aber auch die anderen Subsysteme auf diese Entwicklung. So kreieren die Unternehmen der Kultur-, Sport- und Freizeitindustrie des ökonomischen Subsystems immer wieder neue Erlebnisangebote, Trends und Moden für die diversen Adressaten der verschiedenen Milieus. Die Parteien als Akteure im politischen Subsystem verändern ihre lokale Parteiarbeit und – hier besonders gut sichtbar – ihre Art der Wahlkämpfe, was auch unter dem Stichwort der „Amerikanisierung“ als Synonym für gesteigerten Unterhaltungswert und sinkenden Inhaltswert der politischen Auseinandersetzung diskutiert wird.

Der Soziologe Ulrich Beck betont in seinen Betrachtungen zur „Risikogesellschaft" auch die Auswirkungen von ökologischen Risiken, z. B. dem Waldsterben, auf den sozialen Wandel und gesellschaftliche Strukturen. Sein Kollege Gerhard Schulze hingegen konzentriert sich in seinem Milieumodell der „Erlebnisgesellschaft" auf den soziokulturellen Wandel bei den Freizeittrends.

Besonders viel Aufmerksamkeit fand Ende der 1980er-Jahre die Beschreibung der **Risikogesellschaft** durch Ulrich Beck. Die „Risikogesellschaft" ist die Folge der durch Wissenschaft und Technik geprägten modernen Industriegesellschaft, in der sich die individuellen und kollektiven Gefahren- und Risikopotenziale verändert und vermehrt haben. Während Gefährdungen wie z. B. Hungersnöte oder Seuchen in der Industriegesellschaft abgebaut und mit sozialpolitischen und medizinischen Errungenschaften durch Gefährdungsvorsorge und -minderung individuelle Bedrohungen verringert wurden, entstanden mit dem technischen und wissenschaftlichen „Fortschritt" neue Risiken z. B. durch Atomkraft, chemische und gentechnische Produktion. Während Gefahren „einfach natürlich eintraten" oder als Folge von politischen Fehl- oder Nicht-Entscheidungen auftreten, entstehen Risiken aufgrund bewusster industrieller, das heißt technisch-ökonomischer Entscheidungen und Nutzenabwägungen. Risiken werden billigend in Kauf genommen, um „Fortschritt" zu erreichen und immer mit der Hoffnung verbunden, dass nichts passiere.

Die Risikogesellschaft ist jedoch nicht nur ein politisch-wirtschaftliches Phänomen. Sie wirkt tief in die Gesellschaft hinein und verändert die sozialen Strukturen. So wiederbelebt sie alte Muster der **Klassengesellschaft**, denn Risiko- und Reichtumsverteilung halten sich an das Klassenschema: Reichtümer sammeln sich oben, Risiken unten. So ist es in Grenzen möglich, dank der Verfügung über Geld und Bildung, verschiedene Gefährdungen zu mindern. Dies bedeutet, dass durch den reflektierten und finanzkräftigen Umgang mit Risiken alte soziale Ungleichheiten auf neuem Niveau befestigt werden. Aber, parallel mit der Verschärfung der Risikolage verringern sich die privaten Fluchtwege und Kompensationsmöglichkeiten. So wird z. B. bei der Wasserversorgung, von der alle sozialen Schichten abhängen, angesichts des Giftgehaltes in der Luft und bei der allgemeinen Betroffenheit von Ozonschädigungen klar, wo die Grenzen der klassenspezifischen „Ausweichmöglichkeiten" liegen. Die Herausforderungen an eine soziale Politik in der Risikogesellschaft sind groß: Materielle Sicherung des Lebensstandards, Bildungsanstrengungen, Umweltpolitik und Verbraucherschutz sind gleichermaßen notwendig, um die Risiken allgemein und insbesondere für die ärmeren Schichten zu mindern.

Zusammenfassung

Eine gelingende Sozialpolitik kann es nur geben, wenn die Strukturen und Prozesse in der Gesellschaft erkannt und berücksichtigt werden. Die gesellschaftlichen Prozesse kennzeichnen den sozialen Wandel. Sie sind natürlich und notwendig, aber mitunter auch problematisch, da die gesellschaftlichen Umbrüche von den Gesellschaftsmitgliedern nachvollzogen werden müssen. Schwierig wird es vor allem auch deshalb, weil die Dynamik des sozialen Wandels eine noch nie gekannte Geschwindigkeit erreicht hat.

Die Auslöser für soziale Wandlungsprozesse sind vielfältig. **Technische Erfindungen** und Entwicklungen revolutionieren Wirtschaft und Gesellschaft. Aber auch **politische Veränderungen** haben tief greifende Wirkungen auf das Leben des Einzelnen und auf die Gestaltung der Gemeinschaft. Andere Auslöser sozialen Wandels wirken vielleicht weniger dramatisch, aber dennoch nachhaltig, wie z. B. die Automobilisierung Deutschlands in den 1950er-Jahren oder die Einführung des Privatfernsehens Mitte der 1980er-Jahre. Bei der Betrachtung des sozialen Wandels fällt auf, dass die vier gesellschaftlichen Subsysteme Wirtschaft, Politik, Kultur und gesellschaftliche Gemeinschaft interaktiv sind und interdependent aufeinander reagieren. Veränderungen in einem System lösen Anpassungsprozesse in den anderen Systemen aus.

Für die Menschen besonders relevant sind die **Umbrüche in der Industriegesellschaft** sowie der **Wertewandel**: Die Industriegesellschaft hat in den letzten vierzig Jahren einen enormen Umbruch erlebt. Hervorgegangen aus der Agrargesellschaft entwickelt sie sich seit Mitte des 20. Jahrhunderts zunehmend zur **„nachindustriellen Gesellschaft"**, bei der die Dienstleistung die Wirtschaft prägt, Wissen und technische Kompetenz die wichtigsten sozialen Ressourcen werden und die soziale Hierarchie und politische Gestaltung auf ganz neue Grundlagen gestellt werden.

Begleitet und unterstützt wird dieser Prozess von einem tief greifenden **Wertewandel**. Seit den 1960er-Jahren verschieben sich die handlungsleitenden Wertvorstellungen von den materiellen sowie den Pflicht- und Akzeptanzwerten hin zu den postmateriellen und Selbstentfaltungswerten. Dieser Wertewandel beruht auf einem hohen Maß an wirtschaftlicher und sozialer Sicherung, Frieden und Stabilität. Unter diesen Bedingungen orientieren sich immer mehr Menschen an der selbstbestimmten Lebensgestaltung.

Um den sozialen Wandel zu erfassen und zu beschreiben, haben Sozialwissenschaftler und Politiker eine Reihe an neuen Gesellschaftsbildern gezeichnet, wobei sie jeweils unterschiedliche Facetten und Aspekte in den Vordergrund rücken. Unter dem Etikett der **Dienstleistungs-**, **Informations- und Kommunikationsgesellschaft** werden Beschreibungen der wirtschaftlichen Neuordnung und deren Auswirkungen auf die Lebensgestaltung der Menschen in dieser Gesellschaft gehandelt. Die **Freizeit- und Erlebnisgesellschaft** betonen den gewachsenen Umfang an Freizeit und die zunehmende Neigung der Menschen, sich über die Gestaltung der Freizeit und die eigene Versorgung mit Erlebnissen sozial zu positionieren, Identität zu entwickeln, Zugehörigkeiten zu zeigen und soziale Abgrenzungen vorzunehmen. Die gesellschaftliche Solidarität und die sozialen Wirkungszusammenhänge rücken die Bilder der **Wegschau- und der Zivilgesellschaft** in den Vordergrund. Politisch normativ verfolgen diese Gesellschaftsbilder das Ziel, das soziale Handeln der Menschen von der Eigennutzorientierung auf das Gemeinwohlprinzip umzusteuern. Demgegenüber versucht die Beschreibung von der **Risikogesellschaft** darauf hinzuweisen, dass die moderne Gesellschaft in ihrer Forschrittsgläubigkeit ein enormes Maß an ökologischen und technischen Risiken anhäuft, welche die sozialen und ökologischen Lebensgrundlagen massiv gefährden.

Unabhängig davon welches Gesellschaftsbild bevorzugt oder als besonders relevant erkannt wird, zeigen sich erhebliche sozialpolitische Herausforderung an den sozialen Wandel. Nicht mehr nur die materielle soziale Sicherheit kann das **Ziel der Sozialpolitik** sein, sondern soziale Integration, Chancengerechtigkeit hinsichtlich Bildung und der Ausbau von sozialen Schutzangeboten ergänzen das notwendige Handlungsspektrum und verändern das industriegesellschaftlich ausgerichtete soziale Sicherungswesen.

Grundlagen des Sozialstaates und der Sozialpolitik

Dass sich die Bundesrepublik Deutschland grundsätzlich als Sozialstaat versteht (wobei im Laufe der Zeit dieser Begriff häufig unterschiedlich interpretiert wurde) und sich die Sozialpolitik sowohl als Spezialpolitik der sozialen Sicherungssysteme wie auch als Querschnittspolitik weitestgehend etabliert hat, ist auf mehrere Grundlagen zurückzuführen. Historische Traditionslinien, aktuelle Bedarfe, politisches Kalkül und gesetzesnormative Vorgaben umrahmen die Gestaltung der Sozialstaatlichkeit und der konkreten Sozialpolitik.

Sozialstaatliches Verfassungsgebot

Das Grundgesetz verwendet den Begriff des **Sozialstaates** nicht explizit, sondern in anderen Formen. So heißt es in Art. 20 Abs. 1: „Die Bundesrepublik Deutschland ist ein demokratischer und sozialer Bundesstaat“ und auch in Art. 28 Abs. 1, der die föderale Ordnung betrifft, wird die Sozialstaatlichkeit adjektivisch dargestellt: „Die verfassungsmäßige Ordnung in den Ländern muss den Grundsätzen des republikanischen, demokratischen und sozialen Rechtsstaates im Sinne dieses Grundgesetzes entsprechen.“ Gleichwohl besteht in Politik, Justiz und Wissenschaft Einigkeit darüber, dass mit diesen Begrifflichkeiten ein verfassungsmäßiges Sozialstaatsgebot aufgestellt ist.

Einige akademische Auseinandersetzungen wurden darüber geführt, ob diese Formulierung bedeutet, dass Deutschland ein Sozialstaat **ist**, also ein Zustand benannt und festgeschrieben wird, oder ob sie eine Forderung aufstelle, dass Deutschland ein Sozialstaat **sein solle** oder gar erst **werden solle**. Dieser Streit über die Ausgestaltung der Sozialstaatlichkeit aus der Frühzeit der Bundesrepublik hatte seine Ursachen in heftigen Meinungsverschiedenheiten der Sozialdemokraten und Kommunisten einerseits und den Christdemokraten, dem Zentrum und den Liberalen andererseits. Befürworteten die einen eine weit reichende Interpretation des fürsorglichen Staates, der für alle Unbilden des Lebens Schutz und Hilfen anbieten sollte, machten sich die anderen für eine zurückhaltendere Interpretation stark, bei der die öffentlichen Einrichtungen eher nachrangig waren. Was nun genau mit den Sozialstaatsklauseln in Artikel 20 und 28 GG von den Vätern und Müttern des Grundgesetzes gemeint war, wurde im Parlamentarischen Rat 1948/49 deshalb nicht festgelegt. Vielmehr galt die Formulierung des sozialen Bundesstaats bzw. sozialen Rechtsstaats als eine Kompromissformel, die den Bundesregierungen einen Gestaltungsspielraum eröffnen sollte.

Die nachhaltige Prägung des Sozialstaatsprinzips durch die langjährigen CDU-Regierungen unter den Kanzlern Adenauer, Erhard, Kiesinger und Kohl formte die Sozialstaatlichkeit Deutschlands, die primär auf Sozialversicherungsmodelle setzt. Damit verbunden war auch eine **Absage an steuerfinanzierte Wohlfahrtsstaatlichkeit** mit großzügigen Transferzahlungen und einem breit ausgebauten System sozialer Dienstleistungen (wie z. B. in skandinavischen Ländern). Ebenso wurde damit aber auch den eher schwächlichen US-amerikanischen und britischen Modellen der **sozialen Armutshilfe eine Absage** erteilt. Aber auch wenn die allgemeinen Sozialstaatsklauseln mehr das „Ob" als das „Wie" postulieren, gibt das Grundgesetz an anderen Stellen noch weitere Hinweise auf Orientierungspunkte. Vor allem wichtig sind:

- Art. 1 Abs. 1, der die Unantastbarkeit der Würde des Menschen betont und aus dem sich die Verpflichtung des Staates ableitet, jedem Bürger das Existenzminimum zu sichern;
- Art. 3, der mit seinen Gleichheits- und Gleichberechtigungssätzen den Staat verpflichtet, Ungleichbehandlungen abzubauen oder zu vermeiden, was in den zurückliegenden Jahren vor allem dazu beigetragen hat, dass die Frauen im Sozial-, Arbeits- und Tarifrecht den Männern gleichgestellt wurden;
- Art. 6, der in Absatz 1 Ehe und Familie unter den besonderen Schutz der staatlichen Ordnung stellt, in Absatz 4 Müttern den Anspruch auf den Schutz und die Fürsorge der Gemeinschaft zuweist und in Absatz 5 uneheliche Kinder den ehelichen gleichstellt, und der die Grundlage war für die wegweisenden familienorientierten Steuer- und Rentenrechtsurteile des Bundesverfassungsgerichts der letzten Jahre;
- Art. 9, der in Absatz 3 erlaubt, zur Förderung und Wahrung der Arbeits- und Wirtschaftsbedingungen Vereinigungen zu bilden und damit den Gewerkschaften und Arbeitgeberverbänden Rückhalt gibt;
- Art. 12, der in Absatz 3 die Zwangsarbeit nur bei gerichtlicher Anordnung für zulässig erklärt und
- Art. 14, der in Absatz 1 einerseits das Recht auf Eigentum und Erbe gewährleistet und in Absatz 2 feststellt: „Eigentum verpflichtet. Sein Gebrauch soll zugleich dem Wohle der Allgemeinheit dienen."

Mit dem allgemeinen Sozialstaatsgebot und den vorgenannten weiteren im Grundgesetz verankerten Artikeln, die vom Bundessozialgericht, vom Bundesarbeitsgericht und dem Bundesverfassungsgericht in ihrer Rechtsprechung konkretisiert wurden, wird verdeutlicht, dass der Sozialstaat nicht lediglich Anhängsel einer marktwirtschaftlichen Ordnung ist, sondern sich als wesentlicher Bestandteil des demokratischen Staates versteht. Die Gestaltung der Gesellschaft nach den Maßstäben von **sozialer Gerechtigkeit und sozialem Ausgleich** ist verfassungsmäßige Verpflichtung des Staates. Die in Artikel 1 bis 19 GG aufgestellten Grundrechte stehen nicht zuletzt aus diesem Motiv unter dem besonderen Schutz der Verfassung, die in ihrem Wesensgehalt nicht angetastet werden dürfen (Art. 19 Abs. 2, Art. 79 Abs. 3 GG).

Ziele und Zielkonflikte der Sozialpolitik

Die Sozialstaatsklauseln des Grundgesetzes sind zwar sehr bedeutungsvoll für die Verpflichtung des Staates, soziale Gerechtigkeit und sozialen Ausgleich in der Gesellschaft anzustreben. Wie dies geschehen soll, was „Gerechtigkeit" meint oder in welchem Umfang der Ausgleich vorgenommen werden soll, bleibt hingegen unklar. Grundgesetzkommentare und Urteile des Bundesverfassungs- und Bundessozialgerichtes geben einige nähere Hinweise, was mit dieser Klausel gemeint ist. So heißt es z. B.:

- Sie sei Schutzprinzip für die wirtschaftlich Schwachen und
- verpflichte den Staat, auch diesen Freiheit von Not, ein menschenwürdiges Dasein und eine angemessene Beteiligung am allgemeinen Wohlstand zu gewährleisten.
- Sie bedeute den Anspruch des Einzelnen an den Staat für ihn im Falle seiner Bedürftigkeit so zu sorgen, dass sein Existenzminimum gesichert sei.
- Es gehe um die Bewältigung sozialer Notlagen und Benachteiligungen (als Folge von Krankheit, Arbeitslosigkeit, benachteiligenden Lebensverhältnissen)
- und um die gerechte, ausgeglichene Gestaltung gesellschaftlicher Zustände.
- Sie sei aber nicht darauf ausgerichtet, jede Ungleichheit in den sozialen Verhältnissen zu beseitigen und eine allfällige „Gleichmacherei" zu erzielen.

Kontroverser verläuft die Diskussion um die Reichweite des Sozialstaatsbegriffs unter Sozialpolitikern, Politikwissenschaftlern, Soziologen, Ethikern etc.:

- Meinen die Ersteren, dass Sozialpolitik den Kampf der gesellschaftlichen Klassen um die Macht zum Gegenstand habe,
- betonen die Zweiten, Sozialpolitik solle den inneren Zusammenhang der Gesellschaft herstellen, während
- die Dritten hervorheben, dass sie die Selbstverantwortlichkeit des Einzelnen unterstützt.

- Die Vierten verweisen darauf, dass der Staat sich mit Sozialpolitik Legitimation beschaffe.
- Sozialpolitik solle Konflikte in der Gesellschaft reduzieren und die soziale Harmonie fördern, betonen die Fünften,
- während die Sechsten meinen, dass eine Notminderung ausreiche und
- die Siebten fordern, dass der Staat die systemimmanenten Ursachen wirtschaftlicher und/oder sozialer Schwächen einzelner Gruppen beseitigen soll.

Endlos lang ließe sich die Liste gestalten, welches Ausmaß Sozialstaatlichkeit einnehmen soll. Das Spektrum reicht von der Vorstellung der Nothilfe über die Forderung nach nicht-egalitärer Gerechtigkeit bis hin zu Ansprüchen zur Herstellung von Gleichheit. Der sittlich-moralische und politische Wertestreit hat im Laufe der Zeit etwas an Breite und Intensität eingebüßt, er prägt jedoch weiterhin alle sozialpolitischen Diskussionen. Die Extrempositionen von **Nothilfe** einerseits und **Gleichheitsforderung** andererseits sind in Deutschland Minderheitspositionen, während die Mehrheitsmeinung sich auf das **Gerechtigkeitspostulat** bezieht. Doch wie Gerechtigkeit hergestellt werden kann oder was Gerechtigkeit überhaupt bedeutet, ist immer noch strittig.

„Sozialpolitik ist Verteilungspolitik" hieß es u. a. am Anfang dieses Buches. Die Kernfrage sozialpolitischer Diskussionen richtet sich darauf, was verteilt wird, in welchem Umfang verteilt wird, an wen und aus welchen Gründen, mit welchem Ziel verteilt und von wem die Verteilungsmasse genommen wird.

- Verteilt werden Gelder und Dienstleistungen. Beides muss aufgebracht bzw. finanziert werden. Hierfür bieten sich prinzipiell zwei Möglichkeiten: Die Erhebung von staatlichen **Steuern** oder die Erhebung von z. B. **Versicherungsbeiträgen**. Während in den skandinavischen Ländern die Einnahmen überwiegend aus Steuermitteln stammen und damit ein recht umfassendes Hilfsangebot des Wohlfahrtsstaates finanziert wird, setzt man in Deutschland zu einem großen Anteil auf Versicherungssysteme, die Leistungen sicherstellen, welche prinzipiell in einem Bezug zu den eigenen Beitragsaufwendungen stehen. Die individuelle (Vor-)Leistung steht also in Relation zum Ertrag. Gleichzeitig wird jedoch auch ein Solidareffekt erzielt.
- Der Umfang der Verteilungsmasse ist schon strittiger. Allein für die Pflichtversicherungen (Rente, Krankheit, Arbeitslosigkeit, Pflege) liegen 2001 die **Beitragssätze bei ca. 40 bis 44 %**, d. h. dass die Arbeitnehmer **mehr als 20 % ihres Bruttoverdienste**s für die pflichtige Sozialvorsorge ausgeben müssen und somit weniger Geld für den privaten Konsum zur Verfügung haben. Die andere Hälfte der Gelder wird von den Arbeitgebern aufgebracht,

die dadurch **geringere Summen für Investitionen** aufbringen können. Hinzu kommen die eigenen Leistungen zur privaten Altersvorsorge, wie Lebensversicherungen und zur privaten Krankenvorsorge wie Zuzahlungen bei Arzneimitteln und Kuren. Nicht zu vergessen ist, dass auch **große Teile** der zu zahlenden **Steuern in soziale Aufgaben** fließen. Insgesamt umfasst das Sozialbudget in der Bundesrepublik über 685 091 000 000 Euro, was ca. einem Drittel des Bruttoinlandsprodukts entspricht – ohne die Gehälter der Sozialarbeiter der Städte und Gemeinden, ohne die private Vorsorge, ohne Zuzahlungen usw. Dies wirft die Frage auf, ob das **Sicherungssystem** überhaupt noch finanzierbar ist und ob es nicht eine zu große **Belastung für die Wirtschaft und die Arbeitnehmer** bedeutet.[4]

- Gründe für soziale Leistungen lassen sich fast unbegrenzt aufzählen. Nahezu jede soziale Lage kann so interpretiert werden, dass sie auch soziale Leistungen erfordert. Hierbei reicht das Spektrum von klassischen Lebensrisiken wie Krankheit, Invalidität, Behinderung, Alter und Arbeitslosigkeit über Lebenslagen wie Kindheit, Jugend, Elternschaft bis hin zu Notsituationen wie Obdachlosigkeit und Armut. Aber auch historische Ereignisse können, z. B. für Kriegsopfer und Zwangsarbeiter, soziale Leistungen rechtfertigen. Diskutiert wird, ob sich alle hieraus entstehenden individuellen Bedürfnisse mit den gesellschaftlichen Anforderungen vertragen und ob alle sozialen Hilfen der gesetzlichen Regelung und öffentlichen Erbringung bedürfen.
- Die Antworten auf die zuvor gestellten Fragen hängen mit den Zielen der Sozialpolitik zusammen. Hier gilt es verschiedene Ebenen zu unterscheiden. Auf der individuellen Ebene konfligieren die Ziele der **Nothilfe**, um „wirklich Bedürftigen" ein Leben in Würde zu gewährleisten mit den Zielen der Hilfe zur Persönlichkeitsentwicklung und **Integration** in die Gemeinschaft und den Zielen der Besitzstandswahrung. Auf der gesellschaftlichen Ebene wird darum gestritten, wie viele Integrationsleistungen z. B. für Jugendliche und Migranten, zur Re-Integration z. B. von Arbeitslosen oder Straffälligen, zur Verhinderung von Desintegration z. B. von Senioren oder sozial Gefährdeten, notwendig sind. Kritisch wird gefragt, ob soziale Hilfen auch für Personen zu zahlen sind, bei denen eine Integration in die Gesellschaft nicht möglich oder nicht erwünscht erscheint. Darf die **soziale Unterstützung** der Solidargemeinschaft **verweigert** werden, **wenn** sich der **Empfänger selbst unsozial** und gemeinschaftsschädlich verhält und gar keinen Wert auf Integration legt? Sollte man Bürgern, die Gelder vom Staat erhalten, obwohl sie **keine Bereitschaft** zur Eingliederung in den Arbeitsprozess zeigen,

4 Die Problematik der Finanzierbarkeit wird nochmals unter dem Punkt „Krisen des modernen Sozialstaats" (S. 65) behandelt.

die **Zahlungen wegen Missbrauch kürzen**, um so Anreize für Eigeninitiative zu schaffen? Sollen soziale Hilfen zur kompletten Lebensbewältigung ausreichen, sollen sie **„Hilfe zur Selbsthilfe"** gewähren oder sollen sie einen Beitrag zur Aufrechterhaltung vorhandener Sozialstrukturen leisten? Auf politischer Ebene werden Fragen nach der Verfassungsinterpretation der Sozialstaatsklausel gestellt, wird die **Gerechtigkeitsfrage** diskutiert, werden die Folgen von geleisteter oder fehlender Sozialpolitik analysiert und wird nicht zuletzt auch überlegt, wie mittels Ausgestaltung von Sozialpolitik Wählerschaften an die politischen Parteien gebunden werden können.

- Die Antworten auf die Zielfragen fallen sehr unterschiedlich aus, je nachdem wie stark die Betroffenheit als „Bezahler" oder „Empfänger" der sozialen Leistungen aussieht. Unternehmer und Besserverdienende wollen vielfach an der Sozialpolitik sparen, da sie einerseits nicht direkte Nutznießer sind, weil die Kosten die **wirtschaftliche Effizienz** und **Konkurrenzfähigkeit** beeinflussen und andererseits weil sie nicht selten die Position vertreten, dass umfassende soziale Sicherung die **Leistungsbereitschaft mindert**. Es darf jedoch auch nicht übersehen werden, dass die **Verteilungsmasse** zu einem überwiegenden Teil **von den Nutznießern der Sozialpolitik selbst** aufgebracht wird und manche Gruppen der **Leistungsträger**, z. B. Freiberufler wie Ärzte, Rechtsanwälte etc. und Beamte, von wesentlichen Aspekten der **Zahlungspflicht in die Solidarkassen ausgenommen** sind.

Überblick über die Entwicklung der Sozialstaatlichkeit in Deutschland

Bis in die Zeit des Absolutismus lag die Aufgabe der sozialen Sicherung nicht beim Staat, sondern in den Händen der Stände und Zünfte bzw. beim Einzelnen und seinem Familienverbund. Die Familie übernahm die Versorgung der Alten und die Sorge um die Jungen. Die Industrialisierung im frühen und mittleren 19. Jahrhundert veränderte jedoch die Grundbedingungen der familiären bzw. gemeinschaftlichen sozialen Sicherung. Die bäuerlichen Produktionseinheiten und die an Familien gebundenen Manufakturen gerieten unter Druck, während die industrielle Wirtschaft einen rapiden Aufschwung nahm. Die Verarmung und Verelendung breiter Bevölkerungsschichten begründete die Notwendigkeit einer Sozialpolitik der nach-absolutistischen, jungen Nationalstaaten. Die Arbeiterfrage rückte ins Zentrum der politischen Diskussion. Als erstes Land reagierte das erst 1871 entstandene **Deutsche Reich** auf die sozialpolitischen Anforderungen.

Die Verelendung der Arbeiter, hier sichtbar in den schlechten Wohnverhältnissen, war eine der Hauptursachen für den Beginn der Sozialpolitik im Deutschen Reich. Die Gewerkschaften als Vertreter der Arbeiterinteressen entstanden Mitte des 19. Jahrhunderts u. a. aus Arbeitergesangs- und Arbeitersportvereinen. Die Vereine, die große Bedeutung in der Arbeiterbewegung hatten, verbanden Politik mit Freizeit.

Entstehung im Kaiserreich

Die soziale Lage in den deutschen Kleinstaaten in der Mitte des 19. Jahrhunderts war äußerst prekär. Die vielfach **desolate Lage der Arbeiterschaft** betraf nicht nur die miserable Arbeits- und Lohnsituation selbst. Die Krise spitzte sich zu, wenn infolge von Krankheit, Unfall, Arbeitslosigkeit, Invalidität, Alter oder Tod die Lebensunterhaltssicherung für den Arbeiter und seine Angehörigen nicht mehr gewährleistet war. Die Arbeiterorganisationen unternahmen teilweise eigenständige Versuche mittels „freier Kassen" oder „eingeschriebener Hülfskassen" versicherungsartig Vorsorge zu leisten, so wie auch Gemeinden „Hülfskassen" unterhielten. Ferner schlossen sich manche Betriebe den „Unfallversicherungs-Aktiengesellschaften" an, um bei Arbeitsunfällen den Betroffenen statt über Haftpflicht Entschädigung zu leisten.

In den 1860er- und 1870er-Jahren tobte ein Streit zwischen Gewerkschaften, Gesellenvereinen, der Sozialdemokratie, christlichen Organisationen, der Unternehmerschaft und der Regierung über Notwendigkeit und Gestaltung sozialpolitischer **Hilfseinrichtungen**. Die Finanzierung und Organisation der Leistungen bildeten einen Hauptstreitpunkt. Selbstorganisationen sowie betriebliche und auf Gemeindeebene angesiedelte Einrichtungen unternahmen vielfältige Ansätze für die dringend benötigte soziale Sicherung. Nicht zuletzt die massiven Proteste der Arbeiterschaft und der Sozialdemokratie und die

Angst des Bürgertums vor einer Revolution erhöhten den Druck auf die neue Reichsführung unter Kaiser Wilhelm I. und Kanzler Otto von Bismarck. Letztere standen einer Sozialpolitik eher skeptisch gegenüber und setzten zunächst mehr auf die Unterdrückung der Arbeiterbewegung.

Im Rahmen der heftigen politischen Auseinandersetzungen kam es im Jahr 1878 zu zwei Attentatsversuchen auf den Kaiser, die den politischen Handlungsdruck erhöhten. Die Reichsregierung griff zu zwei unterschiedlichen Mitteln, um auf die drängende Arbeiterfrage zu antworten. Zum einen wurde die Repression gegen die Arbeiterbewegung drastisch verstärkt. Im Oktober 1878 erließ der konservativ geprägte Reichstag das „Gesetz gegen die gemeingefährlichen Bestrebungen der Sozialdemokratie". Mit diesem sollten jegliche sozialdemokratischen, sozialistischen und kommunistischen Ambitionen zum Staatsumsturz gestoppt werden, indem alle Vereine, alle Versammlungen und alle Presseerzeugnisse, in denen sozialdemokratische Haltungen zutage traten, verboten wurden. Gleichzeitig reagierte Bismarck auch auf einen wesentlichen Entstehungsgrund der politischen Arbeiterbewegung, die **Arbeiterfrage**. Innerhalb von nur sechs politisch sehr bewegten Jahren wurde die gesetzliche Grundlage für ein **Sozialversicherungssystem** geschaffen:

- 1883: Krankenversicherung der Arbeiter
- 1884: Unfallversicherungsgesetz
- 1889: Invaliditäts- und Alterssicherung

In diesen Sozialversicherungsgesetzen wurden die Leistungsbedingungen der bestehenden zersplitterten Hilfskassen, Fabrikpensionskassen, Unterstützungskassen, Berufsgenossenschaften, Knappschaftskassen etc. neu geordnet und das Prinzip der Zwangsorganisation, also der verpflichteten Mitgliedschaft der Arbeiter in diesen Versicherungen, eingeführt. Wesentliche Grundmerkmale der Bismarck'schen Sozialversicherung prägen noch heute das soziale Sicherungssystem der Bundesrepublik. Begleitet wurden diese sozialpolitischen Innovationen von einigen weiteren Projekten und Gesetzen, wie z. B. dem Frauenarbeitsschutzgesetz (1878), dem präventiv ausgerichteten Arbeitsschutz und dem Unfallschutz (1891).

Dass das Sozialistengesetz (das bis 1890 in Kraft blieb) und die Sozialreformen unmittelbar zusammenhängen und das Ziel der sozialen Befriedung verfolgten, bestätigte der „Eiserne Kanzler" 1884 im Reichstag: „Wenn es keine Sozialdemokratie gäbe und wenn nicht eine Menge Leute sich vor ihr fürchteten, würden die mäßigen Fortschritte, die wir überhaupt in der Sozialreform bisher gemacht haben, auch noch nicht existieren."

In den 1880er-Jahren führte Otto v. Bismarck (1815–1898) das Sozialversicherungssystem ein. Friedrich Krupp (1854–1902) leitete Deutschlands größtes Stahl- und Rüstungsimperium mit einer vorbildlichen Versorgung seiner Arbeiter. Vor allem Karl Marx (1818–1883) setzte sich in seinen Schriften mit den Problemen der Arbeiter auseinander.

Das unter Bismarck entwickelte System der pflichtigen Sozialversicherungen und der Begründung wesentlicher sozialer Leistungen durch die Erwerbsarbeit hat sich über die Weimarer Republik und die Zeit des Nationalsozialismus bis in die Bundesrepublik Deutschland als konstitutives Element des Sozialstaats erhalten. Zudem wurde in den verschiedenen politischen Epochen das Prinzip weiter ausgebaut und mit anderen sozialen Leistungen erweitert. Vor allem in den Bereichen Arbeitsrecht und Arbeitsschutz, Betriebsverfassung, Arbeitsmarktpolitik, Fürsorgerecht, Sozialhilfe und Familienpolitik ist der Ausbau des Sicherungswesens gut nachvollziehbar. Einschränkend ist aber auch darauf hinzuweisen, dass viele sozialrechtliche Erweiterungen in der Zeit zwischen 1918 und 1938 lediglich auf dem Papier zur Geltung kamen und aus finanziellen Gründen gar nicht oder nur ansatzweise umgesetzt wurden.

Entwicklung in der ehemaligen DDR

Ein Grundmerkmal der Sozialpolitik im Kaiserreich, der Weimarer Republik und des Dritten Reiches war die ausdrückliche oder nur implizite Beachtung deren Befriedungsfunktion. Eine solche Wertung der Sozialpolitik machte es für die 1949 gegründete sozialistische **Deutsche Demokratische Republik** einerseits ideologisch sehr schwer, sich überhaupt für Sozialpolitik zu erwärmen. Eigentlich war sie sinnwidrig, galt doch im Sozialismus die Idee, dass alles politische Handeln von dem Prinzip der Sorge um den Menschen geleitet sei. Andererseits bestand aber die Notwendigkeit für eine Sozialpolitik. Auch die Förderung der Familie war aus sozialen wie politischen Gründen angebracht – all dies war in der Verfassung der DDR als **Grundrecht** anerkannt.

War aus ideologischen Gründen der Begriff Sozialpolitik in der Frühphase der DDR noch verpönt, so wurde er gegen Ende der 1950er-Jahre in den Sprachgebrauch übernommen und nach dem VII. Parteitag der SED 1967 gar zum offiziellen Begriff für die Begleitung der Wirtschaftsreformen. Anfang der 1970er-Jahre wurde sogar die Behauptung aufgestellt, dass „echte" Sozialpolitik nur im Sozialismus möglich sei.

Einen Grundpfeiler des sozialen Sicherungssystems der DDR bildete weiterhin das nun schon traditionelle **Sozialversicherungssystem** mit Zwangsmitgliedschaft. Allerdings durchbrach die DDR das bisher gewachsene dezentrale System von Orts-, Betriebs-, Innungs-, Land- und Ersatzkrankenkassen, der Renten- und Unfallversicherungen. Ab 1951 wurde eine unter der Leitung und Kontrolle des Freien Deutschen Gewerkschaftsbundes (FDGB) stehende **Sozialversicherung der Arbeiter und Angestellten** gegründet. Ca. 91 % der DDR Bevölkerung (Versicherte und Familienangehörige) gehörten dieser Versicherung an. Die weiteren neun Prozent der Bevölkerung (insbesondere selbstständige Bauern, Handwerker, sonstige Gewerbetreibende und freiberuflich Tätige) waren Mitglieder der Deutschen Versicherungsanstalt (ab 1969: **Staatliche Versicherung der DDR**). Diese beiden Versicherungen deckten als Einheitsversicherungen alle Risiken ab, waren also gleichzeitig Kranken-, Unfall- und Rentenkassen.

Während die Versicherungsleistungen für die Arbeiterschaft z. B. bei Krankheitsfällen als annehmbar bis gut bezeichnet werden konnten, war die **Altersrente** als Grundversorgung eher dürftig. Um sie zu verbessern, konnte man sich in der Freiwilligen Zusatzrentenversicherung einschreiben, deren Leistungen jedoch nicht nur die Altersrente erhöhten, sondern auch bei Krankheit sowie bei Mutterschaft eine bessere Versorgung sicherten.

Die Sozialversicherungen in der DDR waren für Geldleistungen (Rente, Krankengeld, Schwangerschafts- und Wochengeld, Mutter- und Familienunterstützung), für Dienstleistungen (ärztliche und zahnärztliche Behandlung) sowie für Sachleistungen (Arzneimittel, stationäre Behandlung, Entbindung, Kuren etc.) umfassend zuständig. Eine Zuzahlungspflicht seitens der Versicherten gab es nicht.

Insgesamt betonte das Sozialversicherungssystem der DDR die **Gleichbehandlung** aller Arbeiter und Angestellten. Doch gab es – wie sonst auch in der DDR – manche Gruppen, die etwas gleicher waren als andere. Eine bessere Versorgung gab es für Teile der Intelligenz (ausgewählte Techniker, Wissenschaftler, Mediziner, Künstler u. a.), für Angehörige von Bahn, Post, Polizei, Militär und leitende Verwaltungsfachkräfte sowie für „Opfer des Faschismus" und „Kämpfer gegen den Faschismus".

Da die DDR ein (**Grund-**)**Recht auf Arbeit** kannte und auch (jenseits aller betriebswirtschaftlichen Sinnhaftigkeit) durchsetzte, war eine Arbeitslosenversicherung quasi nicht existent. Eine Pflichtversicherung gegen Arbeitslosigkeit bestand nur in der Frühzeit des Staates, ab den 1960er-Jahren war die Versicherung faktisch bedeutungslos und 1977 wurde sie offiziell abgeschafft. Die allgemeine Versorgung mit Arbeitsplätzen – und hierdurch auch mit Lohn – bedeutete auch, dass eine Sozialfürsorge für bedürftige Personen in Notlagen beinahe bedeutungslos war.

Finanziell stand das Sozialversicherungssystem der DDR auf wackeligen Füßen. Konnten die Versicherungsbeiträge zu Beginn der 1950er-Jahre noch die Ausgaben decken, so entstand aufgrund eines nur geringen Gesamtbeitragssatzes von nur zehn Prozent des beitragspflichtigen Arbeitseinkommens (max. 60 Mark pro Monat) ein wachsendes Defizit. Gegen Ende der DDR musste der Staat fast die Hälfte der Leistungen mit Zuschüssen an die Versicherungsträger abdecken. Zudem finanzierte der Staat aus allgemeinen Haushaltsmitteln die Geburtenhilfe, Kindergeld, Ausbildungsförderung, Jugendhilfe und Sonderrenten (z. B. Ehrenpensionen).

Entwicklung in der Bundesrepublik Deutschland

In der Bundesrepublik Deutschland vollzog sich die sozialpolitische Entwicklung in drei großen Phasen: der Aufbauphase (ca. 1950er- bis Mitte 1960er-Jahre), der Ausgestaltungsphase (ca. Mitte 1960er- bis Ende 1980er-Jahre) und der Umbauphase (seit den 1990er-Jahren) – wobei die Jahresangaben keineswegs an feststehende Daten anknüpfen, sondern Zeiträume spezifischer Entwicklungstrends markieren.

Die Aufbauphase unmittelbar nach der Staatsgründung 1949 knüpfte an die Sozialpolitik der Kaiserzeit und der frühen Weimarer Republik an. Die drei **Pflichtversicherungen** gegen Krankheits- und Arbeitslosigkeitsrisiken sowie zur Altersvorsorge bildeten die Grundpfeiler der sozialen Sicherung. Die rechtlichen Regelungen sahen weiterhin eine Trennung der Versicherungen vor: Die organisatorische Vielfalt der Krankenversicherungen mit Ortskrankenkassen, Innungs- und Ersatzkrankenkassen, eine getrennte Rentenversicherung in den dezentralen Landesversicherungsanstalten für Arbeiter und in der zentralen Bundesversicherungsanstalt für Angestellte sowie die zentrale Arbeitslosenversicherung bei der Bundesanstalt für Arbeit.

Die drei Pflichtversicherungen konzentrierten sich auf die Arbeitnehmerschaft. Die sozialen Zustände der Nachkriegszeit verlangten jedoch auch nach speziellen Gesetzen. Mit dem **Bundesversorgungsgesetz** von 1950 erhielten die Kriegsopfer Versorgungsansprüche. Die zweite große Herausforderung war die Eingliederung von mehr als zehn Millionen Vertriebenen und Flüchtlingen aus den Ostgebieten des ehemaligen Deutschen Reiches. Mit dem Lastenausgleichsgesetz von 1952 wurden Anstrengungen unternommen, diese Integration mit sozialpolitischen Hilfen zu unterstützen. Ein Heimkehrergesetz richtete sich an die Heimkehrer aus ausländischer Kriegsgefangenschaft und das Häftlingsgesetz für politische Häftlinge bot einige Entschädigungen für die von den Nazis in Gefängnissen und Lagern interniert gewesenen Gegner und Opfer des Faschismus. Diese und weitere Gesetze (z. B. auch zum Wohnungsbau) sollten die drängenden Probleme mindern. Die **Leitlinien der Sozialpolitik** in den 1950er- und 1960er-Jahren waren bestimmt durch einige wesentliche politische Grundsätze:

- Die Sozialpolitik galt als unverzichtbare Voraussetzung für die politische Stabilität im Innern der jungen Demokratie.
- Die Ausgaben für Sozialpolitik durften angesichts der knappen Haushaltslage des Staates nicht zu hoch werden.
- Soziale Leistungen des Staates durften die Preisstabilität der D-Mark nicht gefährden.
- Soziale Sicherheit sollte zunächst durch Erwerbstätigkeit und familiäre Sicherungsnetze gewährleistet, staatliche Hilfe jedoch nachrangig sein.
- Den „totalen Versorgungsstaat, der früher oder später den Wohlstand vernichten würde“ (Adenauer), lehnte die christdemokratische Bundesregierung ab.

Adenauer setzte klare sozialpolitische Akzente, indem er formulierte: „Die beste Sozialpolitik ist eine gesunde Wirtschaftspolitik [...], die möglichst vielen Arbeit und Brot gibt.“ Der rasche Aufbau der Infrastruktur und das so genannte „**Wirtschaftswunder**“ gaben dem Kanzler weitgehend Recht. Gleichwohl gerieten einige sozial und ökonomisch schwächere Gruppen ins Hintertreffen. Verbesserungen bot ihnen die Rentenreform von 1957, die Einführung von Kindergeld bereits für das zweite Kind (das erste Kind erhielt Kindergeld erst ab 1975), die Gewährung von Wohngeld für einkommensschwächere Mieter auf dem nun nicht mehr zwangsbewirtschafteten Wohnungsmarkt sowie 1961 die Verabschiedung des **Bundessozialhilfegesetzes**. Dieses BSHG war die rechtliche Grundlage für das unterste soziale Sicherungsnetz und bot für den Fall Schutz an, dass andere staatliche oder privat-familiäre Unterstützung versagte. Sozialhilfe wurde zu einem einklagbaren Recht und sollte Hilfe zur Lebensbewältigung und zum Führen eines menschenwürdigen Lebens geben.

Die zweite Phase der sozialpolitischen Entwicklung begann in der Mitte der 1960er-Jahre. Die drängendste Not war weitgehend eingedämmt, der Wohlstand mehrte sich, die Lage der Staatskasse hatte sich konsolidiert. Und es war nicht zuletzt der Einzug der Sozialdemokraten zunächst in die Große Koalition

(1966–1969) und dann die sozialliberale Koalition (1969–1982), der für neue Akzente sorgte. Die Auszahlungsleistungen der Renten- und der Arbeitslosenversicherungen wurden erhöht, eine Rentenreform von 1972 verbesserte die Versorgungslage der Seniorinnen und Senioren. Vermehrt setzten die neuen Regierungen auch auf **präventive Sozialpolitik**, z. B. beim Arbeits- und Unfallschutz sowie im Gesundheitswesen. Die Lohnfortzahlung im Krankheitsfall wurde gesetzlich geregelt, ein Arbeitsförderungsgesetz wandte sich mit seinen Leistungen an Benachteiligte auf dem Arbeitsmarkt. Besonders ausgeweitet wurden in dieser Zeit auch die **sozialen Dienstleistungen**, u. a. mit sozialpädagogischen Betreuungsangeboten für sozial Gefährdete oder auch Beratungsstellen (Familien-, Drogen-, Schuldner-, Verbraucherberatung etc.).

Bis in die Mitte der 1970er-Jahre befand sich die Sozialpolitik auf einem **Expansions- und Modernisierungskurs**, der auch durch die bedeutsame Akzentverschiebung geprägt war, Sozialpolitik nicht mehr nur als Spezialpolitik, sondern als **Querschnittspolitik** zu verstehen. Sozialpolitische Überlegungen wurden Gegenstand der Bildungspolitik, der Stadtentwicklungsplanung, der Kulturpolitik etc. Mit der Einführung des Bundesausbildungsförderungsgesetzes, bekannter als BAföG, sollte z. B. Kindern aus wirtschaftlich schwächeren Familien der Besuch weiterführender Schulen und Hochschulen ermöglicht werden, bei der Wohnungsbauförderung wurde verstärkt auf die Lebenssituation der sozial Schwächeren eingegangen – und vieles andere mehr.

Die wirtschaftliche Krise ab 1974/75 setzte den Ausbauprozess massiv unter Druck. Steigende Arbeitslosigkeit, erhöhte Lebenshaltungskosten, zurückgehende Einnahmen des Staates und der Sozialversicherungen bei zunehmenden Anspruchszahlen führten zu einigen sehr schmerzhaften Kürzungen bei bestehenden Angeboten: Rentenanpassungen wurden verzögert, private Kostenbeteiligungen bei Arzneimitteln wurden eingeführt, die Beitragssätze zu den Sozialversicherungen stiegen, beim BAföG wurde vom Zuschuss auf eine Darlehensförderung gewechselt und wurden die Zugangsberechtigungen verschärft, Arbeitslosengeld und Arbeitslosenhilfe wurden gekürzt. Das Wort vom Sozialabbau machte die Runde.

Trotz der zunehmenden Restriktionen unter der SPD/FDP-Regierung und ab 1982 unter der CDU/CSU/FDP-Regierung gab es aber auch weiterhin **sozialpolitische Innovationen**. Die Künstlersozialversicherung wurde 1981 eingeführt, 1985 wurde das Erziehungsgeldgesetz erlassen, das neben dem Muttergeld die Kinderbetreuung finanziell unterstützt und den Erziehungsurlaub einführte. Die größte sozialpolitische Neuerung wurde jedoch im Jahre 1995 mit der Einführung der **Pflegeversicherung vollzogen**. Sie bildete die neue, vierte Säule der Pflichtversicherungen.

Die dritte Phase betrifft den **Umbau der Sozialpolitik**. Angesichts steigender Arbeitslosigkeit, zunehmender Rentnerzahl und gestiegener Kosten im Gesundheitswesen war die bisherige Finanzierung der Sozialpolitik bereits in den alten Bundesländern nicht mehr gesichert. Noch prekärer wurde die sozialpolitische Kostensituation nach 1990 infolge der Wiedervereinigung, bei der die neuen Länder auch in das sozialpolitische System der alten BRD integriert werden mussten. Hohe Arbeitslosigkeit im Osten, geringere Lohnquoten, massive soziale Krisen, Umgestaltung des Gesundheitswesens, Umstellung vom Ost- auf das West-Rentensystem stellten hohe **Anforderungen an die Sozialpolitik nach der Vereinigung**.

In Fortführung der Kürzungseingriffe der SPD/FDP-Regierung setzten auch die Regierungen unter Kanzler Kohl auf Eingriffe in die bestehende Rechtslage. Die Entgeltfortzahlung im Krankheitsfall wurde deutlich eingeschränkt (1995), Rentenreformen (1989, 1998), Gesundheitsreform (1992), Reform des Arbeitsförderungsrechts (1997) und viele andere Bereiche wurden neu geregelt. Kernelemente der Reformen waren fast immer Leistungskürzungen, erhöhte Anspruchshürden, mehr Selbstbeteiligung der Betroffenen, steigende Pflichtbeiträge und Verlagerung von der solidarischen Gemeinschaftsvorsorge auf die private Initiative.

Die SPD bestritt 1998 ihren Bundestagswahlkampf erfolgreich unter Verweis auf Gerechtigkeitslücken im Sozialbereich – allerdings ohne in der folgenden Regierungszeit eine durchgreifende Verbesserung der sozialpolitischen Lage zu erreichen. Erst nach der Bundestagswahl 2002 begann das zweite Kabinett von Bundeskanzler Schröder unter dem Titel „**Agenda 2010**" eine sozialpolitische Offensive. Im **Gesundheitsbereich** wurde mit der Einführung einer Praxispauschale von 10 Euro beim ersten Besuch eines Arztes im Quartal, mit der Definition von Individuellen Gesundheitsleistungen, die vom Patienten zu bezahlen sind, sowie vielfältigen Änderungen beim Leistungs- und Finanzierungskatalog der Krankenkassen der Druck auf die Patienten erhöht. Dies sollte einerseits die Bezahlbarkeit des Gesundheitswesens wiederherstellen, andererseits auch die Patienten zu einem umsichtigeren Gesundheits- und Vorsorgeverhalten führen. Der Umbau der Bundesanstalt für Arbeit zur **Arbeitsagentur**, die Zusammenlegung von Arbeitslosenhilfe und Sozialhilfe durch das **Harz IV-Gesetz** vom Januar 2005 zum sog. **Arbeitslosengeld II**, die verschärften Zumutbarkeitsregeln bei der Arbeitssuche wie z. B. die Einführung der sog. 1-euro-Jobs und weitere Maßnahmen sollen dazu beitragen, dass das zentrale sozialpolitische Problem der Arbeitslosigkeit gemindert wird. Zum Dritten wird das nicht nur sozialpolitisch bedeutsame Problemfeld des **demo-**

graphischen Wandels inzwischen von der Bundesregierung verstärkt berücksichtigt.

Alle großen Parteien haben die Entwicklungen und Wandlungstrends mit vollzogen. Dass die sozialpolitische Expansion und Modernisierung während der SPD-Herrschaft auch von der CDU mitgetragen wurde, lag wesentlich an der hohen gesellschaftlichen Akzeptanz der Sozialpolitik. Die Unionsparteien mussten der Entwicklung folgen, wenn sie nicht bei den Wählern verlieren wollten. Dass die sozialpolitischen Kürzungen sowohl unter der SPD – wie auch später bei der CDU – und seit 1998 wieder unter der SPD-geführten Bundesregierung vorgenommen wurden, war bedingt durch **finanzpolitische Restriktionen**, die sich in den letzten Jahren verstärkt haben.

Krisen des modernen Sozialstaats

Zu Beginn des 21. Jahrhunderts steht die soziale Sicherung in Deutschland auf dem Prüfstand. Die Krise des modernen Sozialstaats stellt sich inzwischen als Krise des sozialen Sicherungssystems dar, während es noch vor wenigen Jahren lediglich um eine Krise im System bzw. innerhalb einzelner Bereiche dieses Systems ging. Wirtschaftliche und soziale Entwicklungen innerhalb der Bundesrepublik verknüpfen sich mit den Auswirkungen der Globalisierung. Individuelle Kritik an verschiedenen Elementen der sozialen Sicherung und kollektive Schwierigkeiten bei der Ausgestaltung und Finanzierung des Sozialstaats kumulieren zur Krise. Einige wichtige Faktoren werden im Folgenden skizziert.

- Die **Sozialstruktur** in Deutschland hat sich deutlich individualisiert und milieuspezifisch geordnet. Die alten Bestimmungsfaktoren der Klassengesellschaft und der geschichteten Gesellschaft mit ihren verschiedenen Formen der sozialen Ungleichheit werden weniger wahrgenommen oder sogar schlichtweg ignoriert. Die **Individualisierung** fordert stärker den Einzelnen, bürdet ihm größere Lasten der selbst verantworteten Lebensplanung und Lebensgestaltung auf, was für einige Menschen eine Überforderung darstellt, und das alte liberale Motto „Jeder ist seines Glückes Schmied" gewinnt wieder an Bedeutung. Diese Entwicklung fördert die gesellschaftliche Segregation, unterstützt die soziale Desintegration von Randgruppen – besonders betroffen sind Langzeitarbeitslose, Ausländer, kinderreiche Familien – und lässt die Solidarität verkümmern.
- **Nachlassende Solidarität untergräbt die Akzeptanz von Solidarkassen.** Es wächst die Angst mehr in die Solidarität einzuzahlen als von ihr zu profitieren. Besonders deutlich wurde diese Situation in der Rentenreformdis-

kussion im Jahr 2000. Angesichts des demographischen Wandels (siehe S. 13 ff.) ist das bisherige Rentenversicherungssystem nicht länger tragfähig und das Prinzip des **Generationenvertrags** in dem Ausmaß nicht mehr zu verwirklichen. Auch der teilweise auftretende **Missbrauch** sozialer Hilfen führt bei vielen Bürgern zu der Forderung nach einer Änderung des Systems. Minderungen im Rentenniveau, Steigerungen bei den Rentenversicherungsbeiträgen und/oder Verlagerungen der Vorsorgepflicht von der Solidargemeinschaft auf den Einzelnen sind die je nach Sichtweise und Betroffenheit angestrebten Änderungsvorschläge. Die jeweiligen Interessen der Alten und Jungen, der Reichen und der Armen, der Erwerbstätigen und der Erwerbslosen, der Arbeitnehmer und der Arbeitgeber prallen in der Diskussion um die Rentenreform aufeinander und lassen die Solidarität verstärkt bröckeln.

- Die **Kosten** der sozialen Sicherung gelten vielen als zu hoch. Seit 1960 hat sich das Sozialbudget von 32 Mrd. Euro auf ca. 700 Mrd. Euro erhöht, wobei es sich **proportional zum Bruttoinlandsprodukt** entwickelt hat.

Vergleich Bruttoinlandsprodukt und Sozialbudget 1960 bis 2003 (in Mrd. Euro)

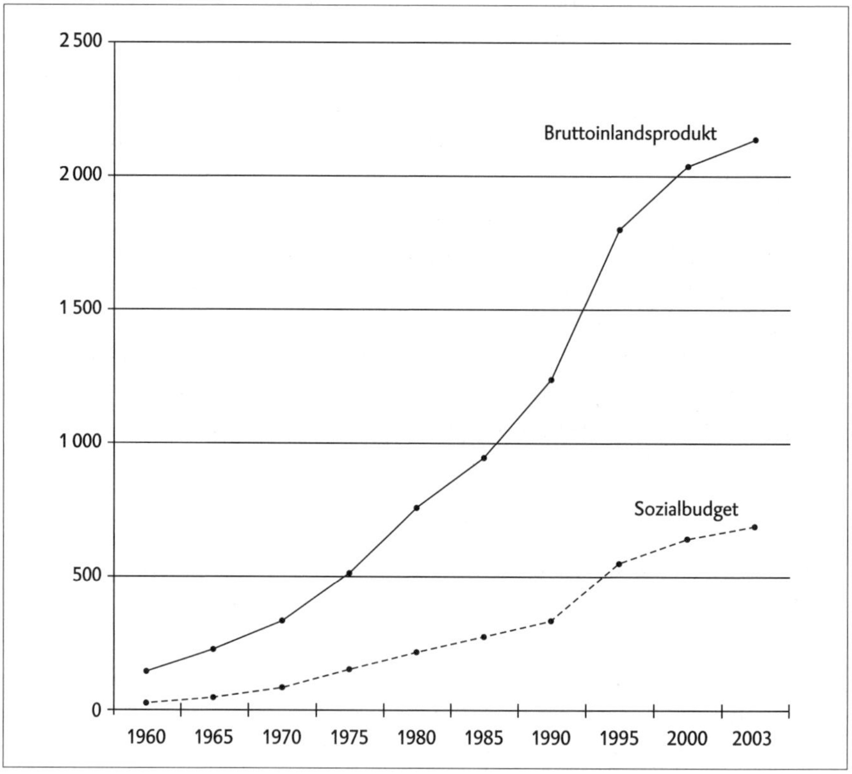

Das gesamte Sozialbudget[5] ist prozentual von 20 % des BIP im Jahre 1960 auf ca. 30 % im Jahre 2005 (geschätzt) angewachsen. Eine deutliche Steigerung fand zwischen 1960 und 1975 statt. Der auf der Grafik zu erkennende Sprung im Jahre 1990 sowohl im Sozialbudget als auch im BIP ist auf die Vereinigung West- und Ostdeutschlands zurückzuführen. So entsprechen die Angaben bis 1989 den Zahlen aus Westdeutschland, seit 1990 beziehen sie sich auf Gesamtdeutschland. Die Grafik verdeutlicht die Bedeutung der Kosten der sozialen Sicherung für die gesamte deutsche Volkswirtschaft.
Aus Arbeitgebersicht erscheinen die Ausgaben als starke **Belastung des Produktionsfaktors Arbeit**, der Betriebskosten in die Höhe treibe und damit die Dynamik und Flexibilität der deutschen Wirtschaft gefährde. Aus Sicht der (besser verdienenden) Arbeitnehmer werden die Aufwendungen für die soziale Sicherung ebenfalls kritisch betrachtet. Private Vorsorge sei individueller, zielgenauer und aus ihrer Sicht gerechter. Die hohen Abgaben belasten gerade „Leistungsträger" und **lähmen** deren **Leistungs- und Innovationskraft**. Manche hoch qualifizierte Kraft entscheidet sich deshalb, ins Ausland (z. B. die USA) auszuwandern, da dort zum einen die finanziellen Abgaben geringer sind und zum anderen die berufliche Entwicklung stärker gefördert wird.

- Eine weitere Kritik ist, dass das hohe Maß an sozialer Sicherheit die **Integrationswilligkeit** der Sozialhilfe- oder Arbeitslosengeldbezieher untergrabe. Die Leistungen minderten die Anreize, selbst für den Lebensunterhalt durch die Übernahme niedrig bezahlter Arbeit aufzukommen. Die Struktur des Systems der sozialen Sicherung in Deutschland führe dazu, dass es z. B. für Familien mit Kindern finanziell vorteilhafter sei, Sozialhilfe (mit allen zugehörigen Leistungen für Wohnung, Kinder etc.) zu beziehen, als ein Arbeitsangebot anzunehmen.
- Die **Globalisierung** verstärkt diese Kritik. Die Produktion von Gütern und Dienstleistungen ist außerhalb Deutschlands deutlich günstiger. Geringere Lohnkosten und Sozialabgaben im osteuropäischen, asiatischen oder südamerikanischen Raum führen dazu, dass Unternehmer die niedrigeren Produktionskosten im Ausland nutzen und den Hochkostenraum Deutschland und Westeuropa verlassen – oder gegenüber dem Staat damit drohen. Das „Ausufern" des Sozialstaats kann also zum Verlust von Arbeitsplätzen und zum **Verlust der Konkurrenzfähigkeit** der deutschen Volkswirtschaft auf den Weltmärkten führen. Außerdem entsteht wegen der **Lohn- und Sozialkostendifferenz** zwischen Deutschland und anderen Ländern eine sich

5 Zur Zusammensetzung des Sozialbudgets vgl. S. 90 f.

öffnende Preisschere: Günstiger produzierte Güter und Dienstleistungen drängen auf den deutschen Markt, heimische Unternehmen können preislich nicht mithalten und gehen Konkurs – neue soziale Probleme entstehen.

Um diese Krise zu beheben gibt es verschiedene Denkansätze. Insbesondere von Teilen der Anhängerschaft wirtschafts- und neoliberaler Ideen werden aus den bereits skizzierten Positionen politische Schlussfolgerungen gezogen, die auf einen quantitativen Abbau und qualitativen Umbau der Sozialpolitik zielen. Sie knüpfen mit ihren Vorstellungen an den Gestaltungsprinzipien der vor allem in Großbritannien und den USA vorfindbaren Grundsätzen des so genannten „liberalen Sozialstaats" an. Die konkreten Forderungen beziehen sich darauf,

- den (Arbeits-)Markt von arbeits- und sozialrechtlichen Regulierungen zu befreien,
- die soziale Sicherung vom Arbeitsverhältnis abzukoppeln und stärker privat und privatwirtschaftlich zu organisieren und zu finanzieren,
- das sozialpolitische Leistungsspektrum und -niveau in Richtung einer Basissicherung abzubauen und sich bei der Leistungsvergabe auf die Förderung der „wirklich Bedürftigen" zu konzentrieren,
- die Belastung mit Steuern und Abgaben nachhaltig zu reduzieren.

Dem Einzelnen soll in dieser Vorstellung die Hauptverantwortung für seine soziale Sicherung zugewiesen werden, Sozialpolitik wird verstärkt an die Wirtschaftspolitik gebunden und ihr untergeordnet. Soziale Ungleichheit wird akzeptiert und als individuelles Phänomen und Problem interpretiert.

Andere eher sozialdemokratisch eingestellte Gruppen befürchten jedoch, dass eine solche Entwicklung die soziale Spreizung in der bundesdeutschen Gesellschaft verstärken, Gleichheits- und Gerechtigkeitsideen in die Historie verweisen und sozialschädliche Desintegration fördern würde – mit allen Folgewirkungen z. B. im Bereich der Kriminalitätsentwicklung.

In der Folge soll versucht werden, mit einigen Denkanstößen die Problematik beider Positionen darzulegen.

- Die Individualisierung ist nicht als Begründung für die Auflösung kollektiver Sicherungssysteme geeignet. Vielmehr steigt der Bedarf (und auch das individuelle Bedürfnis) nach verlässlichen Sicherungssystemen wenn traditionelle Lebensweisen und soziale Bindungen sich auflösen, wenn die privatfamiliäre Sicherung zur Ausnahme statt zur Regel wird.
- Im internationalen Vergleich zeigt sich, dass Staaten mit ausgeprägter Sozialstaatlichkeit häufig sehr gute ökonomische, soziale und kulturelle Entwick-

lungen vollziehen. Sozialstaatlichkeit ist weniger eine „Schön-Wetter-Politik" bei Prosperität, sondern mehr eine unabdingbare Voraussetzung für eine positive wirtschaftliche und technische Entwicklung. Sozialstaatlichkeit ist eine Produktivkraft.

- Nur Mitarbeiter, die gut ausgebildet und fair entlohnt sind, die sich keine beständige Sorge um die Lebensstandardsicherung machen müssen und sich demnach auf ihre Arbeit konzentrieren können, bringen die Arbeitsqualität und Motivation, die auf dem Weltmarkt konkurrenzfähige Unternehmen brauchen.
- In einem schwachen Sozialstaat würden die Bedingungen für Individualität und Freiheit in der Gesellschaft Schaden nehmen und deren positive Effekte für gesellschaftliche Innovation abgewürgt.
- Der Sozialstaat wie er heute existiert und seit fast einem halben Jahrhundert in Deutschland praktiziert wird, ist finanziell nicht mehr tragbar. Aus bereits genannten Gründen muss sich sowohl in der Sozialpolitik als auch in der Einstellung der Menschen gegenüber dem Staat als „zahlende Institution" etwas ändern. So wird es in Zukunft selbstverständlich sein, dass jeder Bürger durch private Eigeninitiative z. B. zur Sicherung seiner Rente beiträgt.
- Das System der sozialen Sicherung in Deutschland ist in sich nicht schlüssig und birgt die Gefahr, den Willen und die Bereitschaft der Bürger, ihr Leben selbst zu finanzieren, zu hemmen.

Der weitaus größte Teil der deutschen Gesellschaft und der Eliten erkennt an, dass der Sozialstaat auch jenseits der Maßstäbe der engen ökonomischen Funktionalität eigenständige politisch-moralische Ziele hat. „Der Umgang mit sozial Schwachen, mit Älteren, Behinderten, Familien und Kindern, das qualitative Niveau der gesundheitlichen Versorgung, die Schaffung von gleichberechtigten Lebenschancen für die gesamte Bevölkerung – all diese und weitere Elemente des ‚**Lebensstandorts**' Deutschland haben einen eigenen Wert, der nicht durch den Hinweis auf ökonomische Effizienzverluste, verminderte Rentabilität oder entgangene Wachstumsraten außer Kraft gesetzt wird"[6].

Die Krise des Sozialstaats ist unverkennbar, die Lösung kann jedoch nicht im Abbau des Sozialstaats liegen, sondern in der Reform, die sich gleichermaßen um Gerechtigkeit, Zielgenauigkeit und Finanzierbarkeit bemühen muss.

6 Bäcker, Gerhard u. a.: Sozialpolitik und soziale Lage in Deutschland. Opladen 2000, S. 43.

Zusammenfassung

Einschlägige Verfassungsnormen im Grundgesetz der Bundesrepublik Deutschland artikulieren ein Sozialstaatsgebot. Sie gründen sich auf die Formulierungen des **sozialen Bundesstaats** und des **sozialen Rechtsstaats**, auf die Unverletzlichkeit der Würde des Menschen und verschiedene Schutz- und Fürsorgeverpflichtungen des Staates. Die Verfassung gibt einen Rahmen der Sozialstaatlichkeit und einige Ziele der Sozialpolitik vor – damit regelt sie die Verpflichtung zur Sozialpolitik. Sie vermeidet jedoch Aussagen über deren Gestaltung.

Die soziale Sicherung in Deutschland greift heute auf **sozialpolitische Traditionen** zurück. Zentral ist dabei die bereits im Kaiserreich entwickelte **Sozialversicherungspflicht**. Das Sozialversicherungsprinzip wurde nach dem Zweiten Weltkrieg sowohl von der DDR als auch der Bundesrepublik zum Kernelement der sozialen Sicherung. Wirtschaftskrisen, die Verschuldung des Bundes, der Länder und der Gemeinden, steigende Zahlen von Anspruchsberechtigten sowie die deutsche Wiedervereinigung 1990 brachten das System unter erheblichen Druck. Eine schon in den späten 1970er-Jahren unter der SPD-Regentschaft begonnene Politik wurde in der CDU-Regierungszeit und ab 1998 unter Rot-Grün fortgesetzt: Einschränkungen im Leistungsbereich, erhöhte Zugangshürden, Umgestaltungen in der Leistungsart, steigende Beiträge, individuelle Zuzahlungen und Forderungen nach privater Vorsorge markieren einerseits einen Sozialabbau und andererseits einen Umbau.

Sowohl der Auf- als auch der Ab- und Umbau der sozialpolitischen Angebote und Leistungen wurde und wird von heftigen politisch-ideologischen und interessenbedingten Auseinandersetzungen begleitet. Betroffen sind dabei die unterschiedlichsten Aspekte, wobei es insgesamt um die Frage geht, **was verteilt wird**, in **welchem Umfang**, **an wen**, aus **welchen Gründen** mit welchem **Ziel** verteilt wird und **von wem** die Verteilungsmasse genommen wird.

Die sozialen Umbrüche Ende des 20. und Anfang des 21. Jahrhunderts mit Individualisierungsprozessen, demographischem Wandel und Globalisierungstrends verdeutlichen die Reformbedürftigkeit des Systems der sozialen Sicherung. Diese **notwendige und unumgängliche Reform** darf jedoch nicht zu einer erneuten Belebung der sozialen Frage führen. Gesellschaftliche **Segregations- und Desintegrationsprozesse** müssen vermieden oder zumindest verlangsamt werden. Soziale Sicherungen stellen nicht nur ein effizienz- und leistungsbehinderndes Element im Wirtschaftsstandort dar, sondern sind auch als Produktivkraft anzusehen, die den Wirtschafts- und Lebensstandort Deutschland zu einem der sichersten, kreativsten und leistungsfähigsten in der modernen Welt gemacht haben.

Sozialpolitik in Deutschland

Jeder zweite Euro, den die öffentlichen Haushalte ausgeben, geht in die soziale Sicherung der Einwohner Deutschlands. 2005 sind es rund 700 000 000 000 Euro. Bei dieser Finanzdimension ist es selbstverständlich,

- dass es in Politik, Wirtschaft und Gesellschaft zumindest einen Grundkonsens über die Prinzipien der Sozialpolitik geben muss, was nicht heißt, dass dieser in Teilelementen nicht immer wieder auf den Prüfstand gestellt wird,
- dass ein ausgeklügelter Gesetzeskanon für die Regelung der Verteilung nötig ist und
- dass viele Akteure um die konkrete Ausgestaltung der Sozialpolitik ringen.

Prinzipien der Sozialpolitik

In den vorangegangenen Ausführungen wurde schon deutlich, dass Sozialpolitik im modernen Deutschland **keine Politik für Arme** ist. Sozialpolitik verfolgt vielmehr ein ganzes Bündel von Zielen, angefangen von konkreter Hilfe zum Lebensunterhalt bis zu hoch abstrakten Formen der Gesellschaftssteuerung. Im Kern greift die Sozialpolitik auf eine mehr als hundertjährige Traditionen zurück, die die Risiken im Zusammenhang mit lohnabhängiger Arbeit betreffen. Um diesen Kern hat sich jedoch ein vielgestaltiges Spektrum weiterer Unterstützungen, Hilfen und Dienstleistungen entwickelt, sodass wir heute von einem „**Sozialstaat für alle**" sprechen können. Eigentlich kommt heute jeder in unserem Staat – manche mehr und manche weniger – in den Genuss von sozialstaatlichen Leistungen.

Der Blick auf die Ausgestaltung des Sozialstaats seit der Gründung der Bundesrepublik Deutschland erfasst kaum ein in sich geschlossenes widerspruchsfreies Bild. Vielmehr sehen wir einen bunten **Flickenteppich**, an den bei Bedarf wieder ein neuer Flecken angenäht wurde. Wer sich diesen vielgestaltigen, geflickten und an einigen Stellen wieder eingerissenen Teppich näher betrachtet, wird dennoch bestimmte Muster finden, die sich wiederholen. Ein solches Muster ist die **Gestaltung** der sozialen Sicherung, die sich aufteilt in:

- **soziale Rechte**, zu denen Schutzrechte und Mitwirkungsrechte gehören,
- **soziales Geld**, also steuer- oder beitragsfinanzierte Geldleistungen sowie
- **soziale Dienste**, z. B. von Jugend- und Sozialämtern durch Sozialarbeiter.

Sozialstaatliche Leistungen zum Schutz vor Lebensrisiken

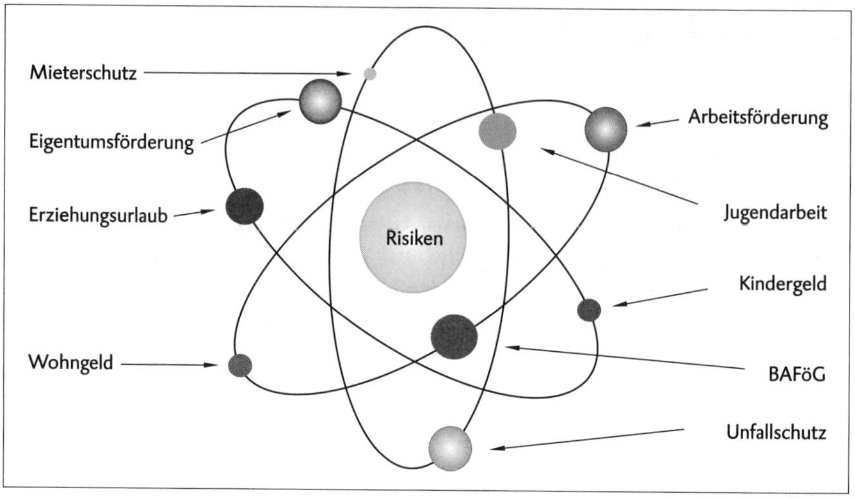

Ein noch wichtigeres Muster bezieht sich auf die **Leistungsgrundlagen**, wobei wiederum drei Prinzipien als Kategorien dienen:

- Versicherungsprinzip
- Versorgungs- bzw. Ausgleichsprinzip
- Fürsorgeprinzip

Seit Bismarcks Zeiten ist das **Versicherungsprinzip** zu einem Pfeiler des Systems der sozialen Sicherung in Deutschland geworden. Die Leistungen nach dem Versicherungsprinzip nehmen den **größten Posten im Sozialbudget** ein und decken ca. zwei Drittel der Sozialleistungen ab. Das Versicherungsprinzip beruht auf dem Gedanken, dass einerseits möglichst viele Personen in die gemeinsame Kasse einzahlen und hierdurch die Gewissheit erlangen im Bedarfsfall abgesichert zu sein und andererseits nicht alle der Einzahler auch tatsächlich vom Risikofall betroffen sind. In den meisten Fällen beziehen sich Versicherungen auf kalkulierte Risiken, wobei es sein kann, dass ein Versicherungsnehmer regelmäßig in die Versicherung einzahlt ohne je in den „Genuss" einer Leistung zu kommen, während ein anderer Versicherungsnehmer einzahlt aber das Mehrfache seiner Beitragsleistung empfängt.

Während es eine schier unübersehbare Vielfalt an privaten und freiwilligen Versicherungen gibt, für die sich jeder entsprechend seiner individuellen Risikoabschätzung und Finanzkraft selbst entscheiden kann (Haftpflichtversicherung, Unfallversicherung, Krankenhaustagegeldversicherung etc.), gibt es im Bereich der sozialen Sicherung das **System der Pflicht- oder Zwangsversi-**

cherung. Jeder Arbeiter und Angestellte ist verpflichtet, sich einer solchen Versicherung anzuschließen. Es gibt vier pflichtige Sozialversicherungen:

- Rentenversicherung
- Arbeitslosenversicherung
- Krankenversicherung
- Pflegeversicherung

Grundsätzlich gilt, dass jeder Arbeitnehmer einen **festgelegten Beitrag** (gemessen in Prozent vom Bruttolohn/-gehalt) in die Versicherung einzahlt und vom Arbeitgeber ein gleich hoher Beitrag beigesteuert wird.[8] Im Krankheits- oder Pflegebedürftigkeitsfall zahlen die Versicherungen die entstehenden Kosten – abzüglich einiger definierter Selbstbeteiligungen des Betroffenen. Etwas anders sieht es bei der Renten- und Arbeitslosenversicherung aus. Bei diesen wird die ausgezahlte Leistung nicht am Finanzbedarf ausgerichtet, sondern wird davon abhängig gemacht, in welcher Höhe und wie lange in die Versicherungskasse eingezahlt wurde. Wer nur wenig einzahlt, erhält im Fall des Falles auch nur wenig Leistung. In der Sprache der Sozialpolitik wird dieses Prinzip als **Äquivalenzprinzip** bezeichnet: Die Leistung steht in einem Gleichwertigkeitsverhältnis zur Vorleistung. Ein Vorteil des Versicherungsprinzips ist, dass zentrale Risiken abgedeckt werden und dass jeder in eine Vorleistung tritt. Die **Bedürftigkeitsprüfung** im Falle des Risikoeintritts **wird damit umgangen**.

Das zweite Prinzip der sozialen Sicherung wird als **Versorgungs**- oder auch als **Ausgleichsprinzip** bezeichnet. Die nach diesen Prinzipien geleisteten sozialen Gelder stammen nicht aus Versicherungskassen, sondern aus dem großen **Steuertopf**. Ansprüche auf diese Mittel hat grundsätzlich nicht der, der allgemein bedürftig ist, sondern derjenige, der von einer **bestimmten Lebenslage** „betroffen" ist. Ansprüche haben z. B. Vertriebene und Kriegsflüchtlinge, Bauherren, Mieter, Auszubildende, Schüler, Studenten, politische Häftlinge etc.

In vielen Fällen erhalten Personen die Versorgungsleistungen ausschließlich aufgrund ihrer bestimmten Lebenslage. Dies bedeutet dann aber, dass der Empfängerkreis recht groß und die erhaltene Versorgungsleistung pro Kopf gering ist. So deckt das Kindergeld bei weitem nicht die Kosten für das Aufziehen von Kindern ab und die Kriegsopferleistungen wurden von den Empfängern wegen ihrer geringen Höhe auch häufig als „Schnapsgeld" tituliert. Bei anderen Unterstützungen nach dem Versorgungsprinzip begründet sich der Anspruch aus der Lebenslage, jedoch wird die Leistung an eine Bedürftigkeitsprüfung gebunden. So ist das BAföG begründet in der Lebenslage „Schüler" bzw. „Student".

8 Beitragshöhe 2005 durchschnittlich 19,5 % Rentenversicherung, 14,2 % Krankenversicherung, 1,7 % Pflegeversicherung, 6,5 % Arbeitslosenversicherung.

Ob und in welcher Höhe die Leistung jedoch gezahlt wird, hängt von der Einkommens- bzw. Vermögenslage der Empfänger oder dessen Eltern oder Ehepartner ab. Ebenso ist das Wohngeld gekoppelt an die Lebenslage „Mieter", doch wird es nur nach einer Bedürftigkeitsprüfung gezahlt. Grundsätzlich erfolgen Leistungen nach dem Versorgungsprinzip nur auf Antrag des Anspruchsberechtigten. Gegenüber dem leistungspflichtigen staatlichen oder öffentlich-rechtlichen Träger muss die eine Versorgung begründende Lebenslage gemeldet und mit dem Unterstützungsantrag verbunden werden. Die Leistungen nach dem Versorgungsprinzip werden zum Teil in direkten Finanztransfers vergeben (z. B. die monatliche Überweisung des Kindergeldes), vielfach aber auch als Steuerermäßigungen geleistet (steuerliche Begünstigung z. B. von Bausparen).

Das dritte große Prinzip der sozialen Sicherung heißt **Fürsorgeprinzip**. Wie beim Versorgungsprinzip und anders als beim Versicherungsprinzip muss der Leistungsempfänger keine Vorleistungen erbringen und die Zahlung wird aus den steuerfinanzierten öffentlichen Kassen geleistet. Der wichtige Unterschied zur Versorgung liegt darin, dass sich die Leistung nicht auf eine „Teilfunktion" des Menschen als z. B. Mieter, Auszubildender oder Eltern bezieht, sondern die gesamte Lebenssituation im Blick hat. Die Fürsorge soll und muss dann einsetzen, wenn die allgemeine soziale Lage einer Person so prekär ist, dass die menschenwürdige Lebensgestaltung gefährdet ist. Fürsorgeleistungen sollen immer das „letzte Mittel" sein. Sie sollen dann greifen, wenn sich die Person nicht mehr selbst helfen kann oder wenn die unterstützungs- bzw. unterhaltspflichtigen Familienangehörigen überfordert sind. Dies wird durch eine Bedürftigkeitsprüfung festgestellt.

Wohl am bekanntesten ist die Fürsorge als **Sozialhilfe**. Bedürftige erhalten diese Fürsorgeleistungen gemäß des Bundessozialhilfegesetzes (BSHG) entweder als „Hilfe zum Lebensunterhalt" (HLU) oder als „Hilfe in besonderen Lebenslagen". Die Hilfe zum Lebensunterhalt soll den (statistisch ermittelten) laufenden Regelbedarf der Menschen z. B. für die Ernährung, Körperpflege, Unterkunft, Kranken- und Altersversicherung und/oder für sporadisch anfallende Kosten wie Kleidung, Hausrat mit besonderem Anschaffungswert, Heizkosten etc. abdecken. Von dieser HLU sind die Hilfen in besonderen Lebenslagen zu unterscheiden. Sie fallen z. B. an, wenn die Kosten für ambulante oder stationäre Pflege nicht aufgebracht werden können oder Eingliederungshilfen für Behinderte geleistet werden müssen.
Grundsätzlich gilt,

- dass Sozialhilfe **nachrangig** ist, also nur gezahlt wird, wenn Bedürftigkeit vorliegt und die Familie oder andere Unterhaltspflichtige die Fürsorge für den Betroffenen nicht übernehmen können;

- dass sie als **Einzelfallhilfe** geleistet wird, also Art und Umfang der Hilfeleistung individuell abgestimmt sein müssen und
- zur **Selbsthilfe** erziehen soll, d. h. der Sozialhilfeempfänger muss aktiv dazu beitragen, wieder unabhängig von öffentlicher Unterstützung zu werden.

Die individuelle Gestaltung der Sozialhilfe bedeutet auch, dass die Gestaltung der Hilfen nicht konkret festgelegt ist. Ob der Empfänger Geldleistungen erhält oder statt Geld Sachleistungen gegeben werden, ob die finanzielle und materielle Hilfe mit sozialen Betreuungsdienstleistungen durch Sozialarbeiter verbunden wird oder ob manche Sozialhilfeempfänger zur Wiedergewöhnung an regelmäßige Tätigkeit zur so genannten „gemeinnützigen Arbeit" herangezogen werden, wird nach Einzelfallprüfung festgelegt.

Neben der Sozialhilfe gehört auch der umfassende Bereich der **Jugendhilfe** zur Fürsorge. Zu dieser zählen u. a. Förderungsangebote für Kinder und Jugendliche in besonderen Erziehungssituationen, Heimerziehung, Tagespflege, außer schulische Bildung, sportliche und gesellschaftliche Aktivitäten, Vormundschaften etc.

Vater Versorgungsstaat: „Wir wollen sein ein einzig Volk von Saugern."
Die deutsche Sozialpolitik verfolgt viele Ziele und fördert die verschiedensten gesellschaftlichen Gruppen. Hierbei besteht die Gefahr, dass der Sozialstaat, der nur Hilfestellung in schwierigen Lebenslagen leisten sollte, zum Versorgungsstaat auswächst. In der Karikatur von Hanns Erich Köhler aus dem Jahre 1965 wird deutlich, das dieses Problem schon in den 60er- Jahren erkannt wurde.

Träger der Fürsorge sind im Wesentlichen die öffentliche Hand und hier vorwiegend die Städte und Gemeinden. Ferner sind in diesem Bereich aber auch die **Wohlfahrtsverbände** und andere private Einrichtungen aktiv. Diese leisten die Unterstützung jedoch weniger durch finanzielle als vielmehr durch materielle oder personelle Hilfen, wobei hier das Spektrum von der Kleiderkammer bis zur Trägerschaft von Behindertenheimen sowie von der Jugendbetreuung durch sozialpädagogische Streetworker bis zur Organisation z. B. von Schuldnerberatungsstellen reicht.

Auch wenn es heißt, dass Fürsorgeleistungen zu erbringen sind, wenn dem Sozialamt oder Jugendamt die besondere Bedürftigkeit zur Kenntnis gelangt, ist es faktisch so, dass die meisten Leistungen nur auf Antrag der späteren Empfänger erfolgen. Lediglich in einigen Fällen der Jugendhilfe treten die Jugendämter der Kommunen auch selbstständig in Aktion. So werden sozial gefährdete Kinder und Jugendliche angesprochen, wird behördlicherseits die Pflege- oder Heimunterbringung von z. B. extrem Verwahrlosten angestrebt oder wird überforderten Eltern Erziehungsbeistand geleistet.
In der Übersicht sieht das Spektrum der Sozialen Sicherung wie folgt aus:

Versicherungsprinzip	Versorgungs- / Ausgleichsprinzip	Fürsorgeprinzip
Vorleistungen (Anwartschaften)	keine Vorleistungen	keine Vorleistungen
keine Bedürftigkeitsprüfung	teils ohne /teils mit Bedürftigkeitsprüfung	Bedürftigkeitsprüfung
Antrag	Antrag	kein Antrag notwendig, jedoch trotzdem die Regel
öffentlich-rechtliche Träger	staatliche / öffentlich-rechtliche Träger	öffentliche /private Träger

Neben den vorgenannten drei Gestaltungsprinzipien (Versicherungs-, Versorgungs- und Fürsorgeprinzip) sind noch zwei weitere Prinzipienpaare als Muster auf dem sozialpolitischen Flickenteppich zu erkennen:
- Das Solidaritäts- und Subsidiaritätsprinzip sowie
- das Kausal- und Finalprinzip.

Der Gedanke der **Solidarität** ist so alt wie die Vorstellung von Sozialpolitik. Der gegenseitige Beistand, die wechselseitige Hilfe und Unterstützung, die handelnde Umsetzung von Loyalitäten sind Zeichen der Solidarität. So wie es Solidarität in den vielen gesellschaftlichen Kleingruppen wie Familien, Jugendcliquen, Vereinen oder Arbeitskollegien gibt, so sollte nach Ansicht der Sozialpolitiker die Solidarität auch das System der Sozialen Sicherung prägen.

Das Solidaritätsprinzip liegt ganz deutlich dem Versicherungsprinzip zugrunde. Alle zahlen ein und die Anspruchsberechtigten erfahren aus der Solidarkasse die notwendige Unterstützung. Aber auch das Versorgungs- und Fürsorgeprinzip beruhen auf dem Solidaritätsgedanken. Denn jeder trägt mit seinen Steuermitteln dazu bei, dass Versorgungsberechtigte oder Fürsorgebedürftige Unterstützung erhalten. **Ohne den Gedanken der Solidarität gäbe es keine Sozialpolitik.** Auffällig ist jedoch, dass in den zwei vergangenen Jahrzehnten der Solidaritätsgedanke brüchig wurde. Im Rahmen der jüngsten Rentendiskussion wird dies besonders offensichtlich. Die Jungen klagen darüber, dass ihre Beiträge in die Rentenversicherung zur Versorgung der Alten zu hoch werden, während die Alten die Solidarität derer einfordern, die sie groß gezogen haben. Insgesamt ist zu beobachten, dass die zunehmende Individualisierung das Solidarprinzip gefährdet und das „soziale Gewissen" verringert. Die Situation wird sehr ernst, wenn statt des „Schlachtrufs" „Einer für alle, alle für einen" sich das Motto breit macht, „Jeder denkt nur an sich – und so ist auch an jeden gedacht". Vor dem Hintergrund der nach wie vor bestehenden sozialen Ungleichheit würde dieses Motto ein fatales Auseinanderdriften der Gesellschaft nach sich ziehen.

Das **Subsidiaritätsprinzip** stammt aus der katholischen Soziallehre. In der päpstlichen *Encyclica quadragesimo anno* aus dem Jahr 1931 wurde eine „Rangordnung der Sozialkörper" festgestellt und in eine Forderung der Sozialen Sicherung umgemünzt. Zunächst solle sich der Einzelne selbst helfen. Erst wenn er dazu nicht mehr in der Lage sei, müsse ihm die Hilfe des Familienverbandes zuteil werden; erst danach dürften ersatzweise gesellschaftliche Organisationen (z. B. karitative Wohlfahrtsverbände) oder die niedrigste Ebene des Staates, also die Gemeinden, helfen. Nur wenn auch diese überfordert seien, sei der Staat gefordert.

Auch wenn diese Vorstellung in der skizzierten Form der sachlichen und zeitlichen Rangordnung die heutige sozialpolitische Lage nicht mehr trifft, so ist der Grundgedanke immer noch vorhanden. Die Selbsthilfe und die familiäre Unterstützung sowie die private Vorsorge (z. B. in Versicherungen) haben vorrangige Bedeutung. Erst wenn diese die würdige Lebensgestaltung nicht mehr sicherstellen ist die nachrangige öffentliche Fürsorge gefordert. Diese soll dann so ausgerichtet werden, dass die Fremdhilfe eine Hilfe zur Selbsthilfe wird. Besonders deutlich wird dies bei der Gestaltung der Sozialhilfe.

Das **Kausalprinzip** in der Sozialen Sicherung bezieht sich auf die Anspruchsgründe. Im Sinne dieses Prinzips wird Hilfe geleistet, **weil** eine bestimmte

Lebenslage vorliegt. Kindergeld wird gezahlt, weil jemand Kinder aufzieht – und hierbei ist es egal, ob die Eltern arm oder reich sind. Dieses Kausalprinzip ist vor allem in weiten Teilen des Versorgungsprinzips vorhanden. Dabei ist aber zu fragen, ob der einfache Anspruchsgrund die solidarische Zahlung rechtfertigt. Und so wird vermehrt sozialpolitisch diskutiert, ob nicht das **Finalprinzip** gestärkt werden müsse.

Dieses Finalprinzip richtet sich auf das gewünschte Ergebnis, also auf die Folgen der sozialen Hilfen. Dieses Ergebnis könnte sein, dass jedem Gesellschaftsmitglied die Grundchance auf eine Existenz in Gesundheit, Leistungsfähigkeit und Einkommenssicherheit vermittelt wird. Eine verstärkte Berücksichtigung des Finalprinzips wäre mit einer Reduzierung der Zahlung von sozialen Geldern verbunden, während durch die Stärkung sozialer Dienste in Form von Beratung, Unterstützung, Förderung und Betreuung die Voraussetzungen für eine selbstständige Lebensführung geschaffen werden sollten. So würde beispielsweise bei Arbeitslosen und Sozialhilfeempfängern verstärkt an den Ursachen der Hilfebedürftigkeit gearbeitet und nach Lösungen gesucht, statt nur Gelder zu zahlen und eine Abhängigkeit von den öffentlichen Sozialleistungen zu fördern.

Gestaltung der Sozialpolitik

Sozialpolitik hat viele Gesichter. Und viele dieser Gesichter sind uns inzwischen so vertraut, dass wir sie gar nicht mehr als etwas Besonderes erkennen. Der Krankenversicherungsschutz für jedermann ist heute so selbstverständlich, dass häufig übersehen wird, unter welchen erheblichen Mühen er im 19. Jahrhundert erkämpft wurde. Auch Kindergeld ist alltäglich in der Gesellschaft geworden. Die Zahlung von Arbeitslosengeld oder Sozialhilfe ist weithin beobachtbar und aus unserem Sozialsystem kaum mehr wegzudenken. .

Wie ausgeprägt die Sozialstaatlichkeit in Deutschland ist wird manchen erst bewusst, wenn Bilder aus den afrikanischen Slums und amerikanischen Ghettos auf dem Fernsehschirm erscheinen. Dies kann aber nicht darüber hinwegtäuschen, dass auch in Deutschland Armut und Not bestehen, dass allein erziehende Mütter große Probleme haben, dass immer mehr Menschen durch das soziale Netz fallen. Anhand einiger besonders bedeutsamer sozialpolitischer Felder und Zielgruppen soll beispielhaft (und bewusst unvollständig) aufgezeigt werden, wie sich die soziale Lage und die Soziale Sicherung in Deutschland darstellen.

Arbeitswelt

Das ökonomisch bedeutsamste soziale Feld ist weiterhin die **Arbeitswelt**. Von den ungefähr 80 Millionen Einwohnern Deutschlands sind ca. 32 Millionen Erwerbspersonen, für die die Berufstätigkeit die wichtigste Unterhaltsquelle ist. Von ihren Einnahmen unterstützen sie direkt fast ein weiteres Drittel der Bevölkerung, also z. B. ihre Kinder, Ehepartner oder Eltern. Die restliche Bevölkerung (ca. 24 %) lebt zum geringeren Teil von Vermögenserträgen und zum überwiegenden von Renten und Pensionen, von Arbeitslosenunterstützung oder Sozialhilfe. **Arbeitserträge sind für mehr als drei Viertel der Bevölkerung der finanzielle Grundstock für ihre soziale Sicherheit**. Die Gestaltung der Arbeitswelt ist in vielerlei Hinsicht sozialpolitisch relevant.

- Je größer der Anteil der Erwerbstätigen in der Bevölkerung, desto geringer die Zahl derer, die als Arbeitslose auf öffentliche Hilfen angewiesen sind.
- Je größer die Zahl der Berufstätigen ist, desto mehr Geld fließt in die Solidarkassen und verbessert so die Lage der Sozialleistungsempfänger und desto mehr reduziert sich der Anteil der Sozialversicherungsbeiträge für den Einzelnen, was das verfügbare Einkommen erhöht.
- Je besser sich die Arbeitsbedingungen z. B. bei Unfallschutz und Krankheitsprävention darstellt, desto geringer wird die Zahl der Berufsinvaliden.
- Je mehr Betriebe in die Rationalisierung von Arbeitsprozessen investieren, desto mehr wird menschliche Arbeit durch Maschinen ersetzt und bringt die Betroffenen als Arbeitslose in die Abhängigkeit von Sozialleistungen.

Der Deutsche Gewerkschaftsbund startete 1998 eine intensive Kampagne für mehr Arbeit und soziale Gerechtigkeit. Hiermit verwies der DGB auf die zentrale Bedeutung der Arbeit für die Soziale Sicherung in Deutschland und reagierte auf die Massenarbeitslosigkeit sowie den Umbau im Sozialstaat. Nicht nur von den Unionsparteien und den Arbeitgebern wurde die Kampagne auch als Unterstützung des SPD-Bundestagswahlkampfes des Jahres 1998 gewertet.

Schon diese kurze Skizze deutet an, welche soziale Brisanz in der Arbeitswelt liegt. Es ist deshalb verständlich, dass die soziale Frage bei allen Regelungen in der und für die Arbeitswelt eine wichtige Rolle spielt.

Zu einem Teil werden die sozialen Belange im Bereich der Arbeitswelt vom **Gesetzgeber** geregelt. So beruht die Lohnfortzahlung im Krankheitsfall auf gesetzlicher Grundlage, die Arbeitsschutzmaßnahmen werden vom Staat gefordert und kontrolliert, die Sozialversicherungspflicht wird per Gesetz geregelt und der Staat setzt die Rahmenregelung für Jugendarbeitsschutz etc. Der Staat regelt hauptsächlich **Mindeststandards** der Arbeitsbeziehungen. Er greift jedoch durch Beeinflussung bzw. Festsetzung der Lohnnebenkosten (u. a. Sozialversicherungsbeiträge) auch in die soziale Dimension der Arbeitswelt ein.

Ein sehr großer Teil der sozialen Regelungen in den Arbeitsbeziehungen findet jedoch jenseits der unmittelbaren Einflussnahme des Staates statt. Die konkreten Arbeitsbedingungen werden von den Tarifpartnern im Rahmen der **Tarifautonomie** geregelt. Zumeist überbetrieblich, in einigen Fällen jedoch auf betrieblicher Ebene verhandeln die auch als Sozialpartner bezeichneten Akteure die vielfältigen Dimensionen der Arbeitsbeziehungen. In den Tarifverhandlungen werden neben den Gehaltsanpassungen auch Lohngruppeneinteilungen, Arbeitszeiten, Urlaubsansprüche, Kündigungsfragen, Probezeiten, Sonderurlaub, Kurzarbeit und anderes mehr geregelt.

Neben diesen Tarifverträgen, die in der Regel als Flächentarifverträge für alle Betriebe einer Branche in einer Region abgeschlossen werden, sind auch die **Betriebsvereinbarungen** sozialpolitisch relevant. In diesen einigen sich das Unternehmen und dessen Betriebsrat auf die konkrete Ausgestaltung betrieblicher Belange. Bei der Einführung neuer Techniken für Produktion oder Verwaltung, der Verabschiedung eines Sozialplans im Rahmen des Arbeitsplatzabbaus oder bei der Ausgestaltung betrieblicher Sozialleistungen (Betriebsrente, Firmenwohnungen etc.) ist die Betriebsvereinbarung die Regelungsebene.

Die kleinste Ebene der sozialrelevanten Normsetzung ist dann der **individuelle Arbeitsvertrag** in dem sich Unternehmer und Beschäftigte auf Sonderregelungen einlassen können.

Grundsätzlich gilt, dass die Tarifverhandlungen die gesetzlichen Standards nicht verletzen dürfen, dass Betriebsvereinbarungen nur ergänzend zum Tarif möglich sind und dass individuelle Verträge nicht hinter den übergeordneten Vereinbarungen zurückstehen können.

Angesichts der sozialen Bedeutung der Arbeitsregelungen für die bundesdeutsche Gesellschaft lastet enorme Verantwortung auf den Tarifpartnern, der sich sowohl die Arbeitgeber als auch die Gewerkschaften sehr wohl bewusst sind.

Sozialpolitik in der Arbeitswelt

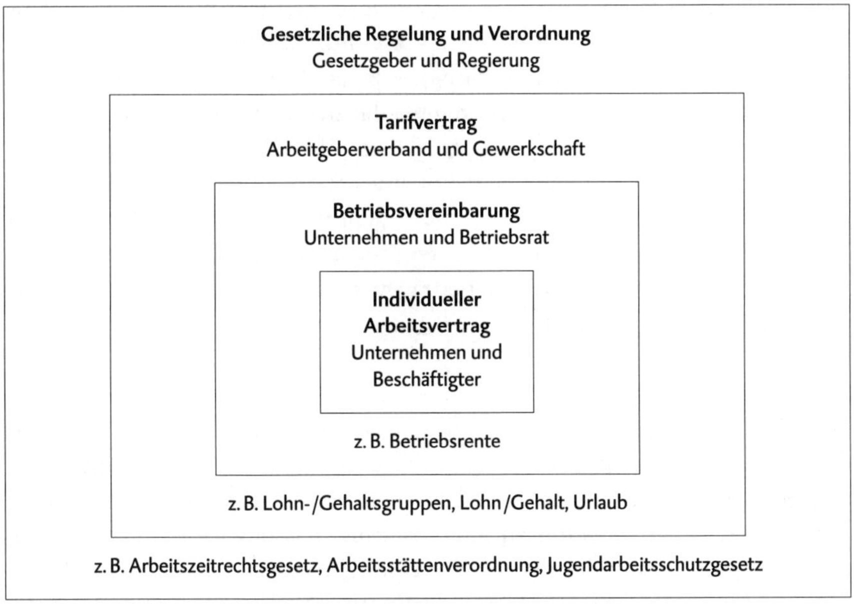

Dennoch treffen die unterschiedlichen Interessen und Sichtweisen immer wieder konflikthaft aufeinander. Die Tarifvereinbarung ist deshalb meist ein Kompromiss, der die Belange beider Sozialpartner mehr oder minder berücksichtigt. Bislang hat sich in der Bundesrepublik Deutschland das System der Tarifautonomie und der sozialen Verpflichtung von Arbeitgeber- und Arbeitnehmerverbänden als recht erfolgreich und leistungsfähig erwiesen. Die Gestaltung der Arbeitswelt wird weithin den sozialen Anforderungen gerecht – auch wenn nicht übersehen werden kann, dass manche Defizite bestehen, dass die Situation der Arbeitslosen strukturell weitgehend ausgeblendet wird und dass gerade niedrig Qualifizierte auf der Schattenseite des Arbeitslebens stehen.

Die Herausforderung an den Sozialstaat und die Sozialpolitik ist zum einen, die Bedingungen auf dem Arbeitsmarkt so zu gestalten, dass für möglichst viele Menschen die Existenzsicherung durch eigene Arbeit ermöglicht wird. Zum anderen richtet sie sich auf diejenigen, die als Arbeitslose oder von Arbeitslosigkeit Bedrohte in ihrer sozialen Sicherheit gefährdet sind. Die monatlichen Pressekonferenzen des Präsidenten der Bundesanstalt für Arbeit verdeutlichen regelmäßig die Dimension und auch Brisanz des Arbeitslosigkeitsproblems. Wenn fast jeder zehnte (in manchen wirtschaftlich problematischen Regionen sogar jeder vierte bis fünfte) Erwerbsfähige und -willige arbeitslos ist, zeigt sich hinter den bloßen Zahlen ein soziales Problem erheblichen Ausmaßes.

Mit einem breiten Spektrum an aktiver und passiver Arbeitsmarktpolitik versucht die Bundesagentur für Arbeit die wirtschaftliche und soziale Gefährdung zu mindern. Die aktive Arbeitsmarktpolitik umfasst z. B. berufliche Bildung (Umschulung und Weiterbildung), Arbeitsbeschaffungsmaßnahmen und Förderung von beruflicher Wiedereingliederung. Die passive Arbeitsmarktpolitik hingegen bezieht sich hauptsächlich auf soziales Geld, also Arbeitslosengeld, Konkursausfallgeld oder Vorruhestandsgeld. Seit 1970 haben sich die jährlichen Aufwendungen der Bundesagentur von weniger als 2 Milliarden Euro bis 2002 auf mehr als 71 Milliarden Euro um ca. 3 500 % erhöht. Fast alle Leistungen der BA werden aus den Beiträgen der Erwerbstätigen in die Arbeitslosenversicherung finanziert.

Familie

Während die soziale Gestaltung der Arbeitswelt weiterhin das ökonomisch bedeutsamste Feld der sozialen Sicherung für unsere Gesellschaft darstellt, ist die soziale Lage der **Familie** eines der wichtigsten Felder der Sozialpolitik. Es würde an dieser Stelle zu weit führen, eine ausgiebige wissenschaftliche Diskussion über die Definition und Funktion der Familie nachzuzeichnen, den Wandel der Familie zu beschreiben und den sozialgeschichtlichen Hintergrund zu referieren. Dieser Verzicht bedeutet aber einige Verkürzungen für die folgende sozialpolitische Beschäftigung mit der Familienpolitik.

In den verschiedenen soziologischen Definitionen von Familie werden in der Regel folgende Merkmale hervorgehoben. Sie beruht auf einer rechtlich und/oder kirchlich anerkannten heterosexuellen Partnerschaft, aus der Kinder hervorgehen. Sie hat insbesondere die Funktion der biologischen und der sozialen Reproduktion durch das Gebären und Erziehen von Kindern. Familie wird weiterhin als wechselseitiger Solidaritätsverbund verstanden, in dem zunächst Eltern ihre Kinder und später Kinder ihre alt gewordenen Eltern versorgen. Die Normalfamilie der modernen Industriegesellschaft war und ist die Kleinfamilie, also der Familienverbund von zwei Generationen. Sie gilt in unserem Kulturkreis als kleinste und ursprüngliche gemeinschaftliche Einheit.

Die Familie erfüllt in unserem Sozialsystem idealerweise folgende **Funktionen**:

- Das Aufziehen von Kindern trägt zur Bestandserhaltung des Volkes bei.
- Die wechselseitige Solidarität liefert den Grundstock für die Versorgung und Pflege der Senioren durch ihre Kinder.
- Die Erziehung und Sozialisation der Kinder ist eine wesentliche Voraussetzung für die gesellschaftliche Integration.

- Dank des ausgeprägten Solidaritätsverbundes und der elterlichen Sorgepflicht wird entsprechend des Subsidiaritätsprinzips die soziale Sicherung der nachwachsenden Generation gestützt.

Familienideal und Familienrealität klaffen jedoch häufig auseinander. Einige Stichworte sollen genügen, die soziale Problematik aufzuzeigen:

- Die „Normalfamilie" ist nicht mehr die Norm der Lebensform. Single-Haushalte, kinderlose Partnerschaften, Wohngemeinschaften treten heute verstärkt als anerkannte Lebensformen neben die Familie.
- Die Zahl der Eheschließungen hat sich gegenüber dem Jahr 1950 mehr als halbiert.
- Zirka 38 % der eingegangenen Ehen werden wieder geschieden.
- 2001 erlebten 154 000 Kinder die Scheidung ihrer Eltern.
- 1998 gab es in Deutschland über 2,4 Millionen allein erziehende Väter und Mütter.
- Waren 1900 noch Ein- und Zweipersonenhaushalte Ausnahmen, so stellen sie 100 Jahre später schon über 70 % der Haushaltsformen dar, während Haushalte mit fünf und mehr Personen heute schon fast ungewöhnlich sind.
- Von den 2,8 Millionen Sozialhilfebeziehern waren 2003 38,5 % Kinder und Jugendliche unter 18 Jahren. Ihr Bevölkerungsanteil beträgt jedoch nur 20 %.
- Kinderreichtum ist ein Armutsrisiko. Unter den Sozialhilfeempfängern ist der Anteil der Ehepaare mit Kindern und noch deutlicher der Anteil allein erziehender Frauen überproportional.

Haushaltsgrößen

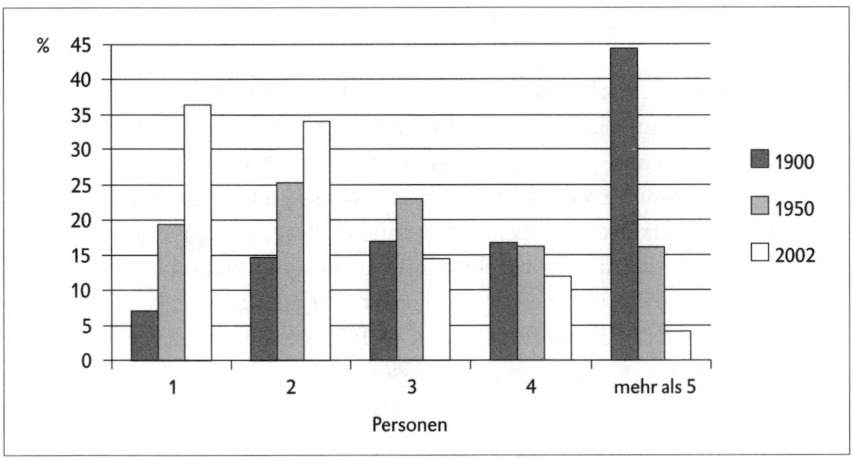

Während einerseits die Familie wichtige gesellschaftliche Funktionen hat, verliert sie andererseits an Attraktivität und gerät unter erheblichen **sozialen Druck**. Um dennoch ihre Position wieder zu stärken und Familien zu unterstützen ist eine sozialpolitische Kraftanstrengung nötig.

Im Blickpunkt steht dabei häufig zuerst das **Kindergeld**. Als Leistung gemäß des Versorgungsprinzips erhalten Eltern nach der Erhöhung im Jahr 2001 monatlich 154 EUR für das erste bis dritte sowie 179 EUR ab dem vierten Kind. Nach einem Urteil des Bundesverfassungsgerichts, in dem gefordert wird, das Existenzminimum für Kinder steuerlich oder zuschussmäßig zu sichern, wird mittelfristig das Kindergeld weiter steigen.

Neben dem Kindergeld als direktem Finanztransfer stehen noch weitere Formen des **Familienlastenausgleichs**:

- Eltern erhalten Kindererziehungszeiten in der Rentenberechnung anerkannt.
- Eltern können zur Erziehung ihrer kleinen Kinder bis zu einem Jahr Erziehungsurlaub nehmen, währenddessen sie von ihrem Arbeitgeber nicht gekündigt werden dürfen und sie ein geringes Erziehungsgeld erhalten.
- Erziehungskosten können steuerlich geltend gemacht werden, sodass sich die Steuerbelastung für Eltern gegenüber kinderlosen Paaren vermindert.
- Zur Förderung des Wohneigentums von Familien wird ein sog. Baukindergeld gezahlt.
- Beamte und Angestellte im öffentlichen Dienst erhalten erhöhte Ortszuschläge für ihre Kinder und auch manche andere Arbeitgeber zahlen bei Elternschaft erhöhte Löhne und Gehälter.
- Sozialpolitisch bedeutsam im Rahmen der Familienpolitik ist auch die Gewährung von Ausbildungsförderung (BAföG) nach dem Versorgungsprinzip mit Bedürftigkeitsprüfung.

Die **finanzielle Benachteiligung von Familien** gegenüber kinderlosen Paaren wird durch diese Maßnahmen jedoch keinesfalls aufgefangen. Während die DINKS (double income, no kids) berufstätig sind, sich einen anspruchsvollen Lebenswandel leisten können und in ihrer Lebens- und Freizeitgestaltung keine Rücksichten auf Nachwuchs nehmen müssen, tragen Eltern erhebliche Verantwortung, schränken sich in Teilen ihrer Lebensgestaltung deutlich ein und ziehen Sozialversicherungsbeitragszahler für Morgen auf, die dann die Rente der DINKS finanzieren. Diese Problematik wirft Fragen der Gerechtigkeitslücken auf, mit denen sich die Sozialpolitik befassen muss.

Soziale Familienpolitik kann jedoch nicht bei den reinen Finanztransfers Halt machen. Eine ständige Forderung der Familienpolitik ist, dass Eltern in ihrem Verantwortungsbereich entlastet und ihnen eine Teilhabe am wirtschaftlichen und sozialen Leben erleichtert werden soll. Vor allem die **Vereinbarung von Familie und Beruf** steht dabei ganz oben auf der familienpolitischen Tagesordnung. Zwei Forderungen werden dabei seit Mitte der 1990er- und Anfang der 2000er-Jahre diskutiert. Um die Berufstätigkeit beider Eltern zu ermöglichen, bedarf es verlässlicher Kindergarten- und Schulzeiten. So lange die Kinderbetreuungszeiten in diesen Institutionen nicht einmal eine vormittägliche Halbtagsbeschäftigung ermöglichen, werden insbesondere Frauen an der Berufstätigkeit gehindert. Durch die Einführung der so genannten „verlässlichen Grundschulzeit" (i. d. R. 8.00 bis 13.00 Uhr) werden in einigen Bundesländern Verbesserungen angestrebt. Die Auseinandersetzung um Ganztagsschulen hält noch an, wird jedoch häufig weniger unter sozialpolitischen, sondern unter familienideologischen Aspekten geführt. Die SPD/Grüne-Regierung unter Bundeskanzler Schröder scheiterte mit ihrem Vorhaben, einen Rechtsanspruch auf Teilzeitbeschäftigung durchzusetzen, der die zeitliche Vereinbarung von Beruf und Familie ermöglichen sollte.

Insgesamt ist festzustellen, dass die Familienpolitik noch deutliche **Defizite** aufweist. Die wirtschaftliche und soziale Benachteiligung von Familien ist signifikant. Eine wenig kinderfreundliche Gesellschaft trägt ihr Übriges dazu bei, dass Elternschaft inzwischen vielfach mehr als Belastung denn als soziale Bereicherung empfunden wird. Mit einem „Nationalen Aktionsplan für ein kindergerechtes Deutschland 2005–2010" will die Bundesfamilienministerin Schmidt an der Beseitigung der vorgenannten Defizite arbeiten.

Kinder und Jugendliche

Und so sind es denn auch besonders die **Kinder und Jugendlichen**, die von den gesellschaftlichen und wirtschaftlichen Bedingungen besonders betroffen sind. Kinder und Jugendliche stehen als sozial schwache Bevölkerungsgruppe unter dem besonderen Schutz des Staates – sie sind von ihren Eltern abhängig, von Problemen in ihrem sozialen Umfeld besonders intensiv betroffen, wirtschaftlich schwach, körperlich und geistig in der Entwicklungsphase und bedürfen als Orientierung Suchende der Unterstützung der Gesellschaft in Form von Betreuung und Erziehung.

Die sozialpolitische Zielsetzung für Kinder und Jugendliche konzentriert sich weniger auf die wirtschaftliche Dimension der Sozialen Sicherheit, denn diese wird überwiegend unter familienpolitischen Aspekten betrachtet. Vielmehr stellt sie die **soziale Entwicklung**, die **Erziehung** und **Betreuung** in den Mittelpunkt. Im Kinder- und Jugendhilfegesetz (KJHG) wird jungen Menschen ein Recht auf Förderung ihrer Entwicklung und auf die Erziehung zu einer eigenverantwortlichen und gemeinschaftsfähigen Persönlichkeit zuerkannt. Zuvorderst ist es das Recht und die Pflicht der Eltern, die Pflege und Erziehung der Kinder zu leisten, wobei die staatliche Gemeinschaft über diese Aufgabenerfüllung wacht. Hierzu gehört auch die öffentliche und freie Jugendhilfe, die – zumeist die elterliche Fürsorge ergänzend, jedoch in Notfällen auch ersetzend – zum Ziel hat, junge Menschen in ihrer individuellen und sozialen Entwicklung zu fördern und dazu beizutragen, Benachteiligungen zu vermeiden oder abzubauen. Sie soll Erziehungsberechtigte bei der Erziehung unterstützen, junge Menschen vor Gefahren schützen und dazu beitragen, positive Lebensbedingungen für junge Menschen und ihre Familien sowie eine kinder- und familienfreundliche Umwelt zu erhalten oder zu schaffen.

Was das KJHG in seinem oben wiedergegebenen Paragrafen 1 an allgemeinen Normen und Zielen formuliert, ist der Grundstock für den fachlich am weitesten entwickelten und ausdifferenzierten Bereich der Sozialen Arbeit. Hierin wird der Anspruch deutlich, mit **sozialen Rechten** und **sozialen Diensten** (und weniger über soziales Geld) sozialpolitisch aktiv zu werden. Drei sozialpolitisch besonders wichtige Aspekte sollen nun betrachtet werden:

- Rechtlicher Schutz für Kinder und Jugendliche
- Betreuung und Förderung von Kindern und Jugendlichen
- Erziehung von Kindern und Jugendlichen

Der rechtliche Schutz für Kinder und Jugendliche ist vielseitig. Er umfasst:

- das **Jugendschutzgesetz**, in dem Mindestaltersgrenzen für Alkohol- und Nikotingenuss, Ausgehzeiten, Besuch öffentlicher Veranstaltungen und Ähnliches festgelegt sind. Hier ist es vor allem das Ziel, Gefährdungen der körperlichen und seelischen Entwicklung zu vermeiden;
- das **Jugendarbeitsschutzgesetz**, das wiederum Mindestaltersgrenzen für Berufsarbeit festlegt, aber auch konkrete Rechte der Jugendlichen in Arbeit und Ausbildung enthält (Regelungen zur Nacht- und Schichtarbeit, Vermeidung körperlicher Belastungen u. Ä.) und
- das **Jugendstrafrecht**, das auf die besondere Entwicklungslage und Verantwortungsfähigkeit von Kindern und Jugendlichen eingeht, ein „milderes" Gerichtsverfahren vorschreibt, pädagogisch orientierte Strafen in den Vordergrund stellt und die Integrationsbemühungen einfordert.

Neben den sozialen Rechten zum Schutz und zur Förderung von Kindern und Jugendlichen sind die sozialen Dienste der Jugendhilfe von herausragender Bedeutung zur sozialen Förderung. Auch diese Jugendhilfe lässt sich wiederum in drei Hauptkategorien einteilen. Da ist zunächst die **Jugendarbeit**. Hierunter sind die vielfältigen Angebote von öffentlichen und freien Trägern zur außerschulischen Bildung, Sport, Musik, Geselligkeit, familienbezogener Jugendarbeit sowie Kinder- und Jugenderholung zu verstehen. Diese Jugendarbeitsangebote werden hauptsächlich von Vereinen und Wohlfahrtsverbänden unter starker Beteiligung ehrenamtlicher Trainer und Gruppenleiter unterbreitet. Sie sollen die Freizeit der Jugendlichen strukturieren, Anregungen vermitteln und das durch Schule und Familie geprägte Wahrnehmungsspektrum erweitern sowie Orientierungsmöglichkeiten anbieten. Die altershomogenen Kinder- und Jugendgruppen eröffnen den Teilnehmerinnen und Teilnehmern die altersspezifisch notwendigen Frei- und Schonräume zur Persönlichkeitsentwicklung.

Professionalisiert ist hingegen die **Jugendsozialarbeit**. Im Unterschied zu der sich grundsätzlich an alle Jugendlichen auf freiwilliger Basis wendenden Jugendarbeit nimmt sich die Jugendsozialarbeit vor allem jener Kinder und Jugendlichen an, deren **soziale Lage von deutlichen Problemen** geprägt ist. Zu solchen Problemen zählen z. B. Verwahrlosung, kriminelle Verhaltensweisen oder Sucht. Auffällig ist, dass viele dieser jungen Menschen in „Multiproblemfamilien“ aufwachsen: Niedriger Bildungsabschluss der Eltern, problematische wirtschaftliche Lage (vielfach in Verbindung mit Verschuldung), problematische Wohnungssituation, Leben im sozialen Brennpunkt, Ein-Eltern-Familien u. a. Die Jugendsozialarbeit als Teil der sozialpädagogischen Familienhilfe strebt an, mit Erziehungshilfen, Beratung und Betreuungsangeboten die Lebenssituation und Entwicklungsmöglichkeit der betroffenen Kinder und Jugendlichen zu verbessern.

In besonderen Problemfällen kann das Jugendamt aufgrund einer richterlichen Verfügung durch „**Inobhutnahme**“ und Herausnahme der Kinder aus der Familie auch gegen den Willen der Eltern sich den jungen Menschen annehmen. Die Unterbringung in Pflegefamilien, Kinderwohngruppen oder Kinderheimen soll es den Kindern ermöglichen, jenseits der bedrückenden Probleme und unter fachlicher pädagogischer Einflussnahme bessere Entwicklungschancen zu bekommen. Ein weites ergänzendes Aufgabenspektrum der öffentlichen Jugendhilfe im Bereich der Bildungs- und Berufsbildungsförderung, der Jugendgerichtshilfe und der Adoptionsvermittlung zeigt das Spektrum der sozialen Sicherung für Kinder und Jugendliche auf.

Alte Menschen

In der Zielsetzung und Maßnahmegestaltung völlig anders, dabei jedoch kaum weniger facettenreich, sieht die soziale Lage der und die **Sozialpolitik für alte Menschen** aus. Der Blick auf die soziale Lage gibt einen sehr verwirrenden Eindruck.

Einerseits werden die Deutschen immer älter. War 1950 nur ein Prozent der Bevölkerung über 80 Jahre, wurden 1990 bereits zwei Prozent so alt und sind inzwischen vier Prozent, also mehr als drei Millionen Frauen und Männer in diesem Alter. Das Statistische Bundesamt erwartet, dass sich der Anteil der Über-80-Jährigen bis 2030 auf 7,3 und bis 2050 sogar auf 12 % erhöhen wird. Andererseits werden die Alten sozial immer jünger. Das Bild der im Sessel sitzenden, strickenden Oma, das den Rückzug aus Aktivität und gesellschaftlicher Teilhabe ausdrückt, hat kaum noch etwas mit der Wirklichkeit zu tun. Ob durch Studium im Alter, Volkshochschul-Internet-Kurse für Senioren, tanzende, reisende oder ehrenamtlich aktive Seniorenkreise – alte Menschen können und wollen heute weitaus stärker am öffentlichen Leben teilhaben.

Einerseits ist Altersarmut immer noch für Teile der Rentner ein Problem – andererseits hat sich die heutige Rentnergeneration während ihres Erwerbslebens einen noch nie dagewesenen Wohlstand erarbeitet.

Der Grundstock der Sozialpolitik für alte Menschen ist und bleibt die **Rente** bzw. **Pension**. Gemäß des Versicherungsprinzips in Verbindung mit dem Äquivalenzprinzip erhalten die heutigen Ruheständler ihre Altersversorgung. Miteingerechnet in die Rentenberechnung werden auch beitragsfreie Erziehungszeiten, teilweise Ausbildungszeiten, Kriegsgefangenenschaft und andere sozialpolitisch bedeutsame Aspekte. Gegenwärtig liegt der Höchstsatz der Rente bei ca. zwei Dritteln des letzten Lohnes oder Gehalts.

Ein Problem der **Rentenversicherung** liegt darin, dass die Einzahlungen in die Versicherungskasse – anders als z. B. bei privaten Renten- oder Lebensversicherungen – **nicht kapitalbildend** sind. Die Rente der heutigen Senioren finanziert sich also nicht aus den auf einem Konto gelagerten und mit Zins und Zinseszins angewachsenen Guthaben an ehemaligen Beitragszahlungen. Die Rente wird vielmehr aus den aktuell gezahlten Beiträgen der heute beitragspflichtigen Arbeitnehmer im **Umlageverfahren** finanziert. Angesichts der demographischen Entwicklung wird die Problematik schnell deutlich. Mit zunehmender Alterung der Gesellschaft und einem geringer werdenden Anteil an Erwerbstätigen müsste der Rentenversicherungsbeitrag von aktuell ca. 20 % des Bruttoeinkommens bis 2030 auf fast 40 % anwachsen, um die berechtigten Versorgungsansprüche der Alten zu erfüllen. Da dies wahrlich nicht zu finanzieren und auch sozialpolitisch insgesamt kaum zu rechtfertigen ist, steht die

Rentenreform ganz oben auf der sozialpolitischen Tagesordnung. Die diskutierten Lösungsvorschläge für die sich zuspitzende Rentenproblematik ab dem Jahr 2020 bergen alle erheblichen sozialpolitischen Zündstoff. Die Einführung einer privaten Vorsorgepflicht jenseits der Solidarkasse wird insbesondere schlecht bezahlten Arbeitnehmern erhebliche Schwierigkeiten bereiten.

Die Erhöhung von Rentenpflichtbeiträgen in die Solidarkasse wie auch die Heraufsetzung des Renteneinstiegsalters von derzeit 63 bzw. 65 Jahren auf vielleicht 70 Jahre zur Verlängerung der Einzahlungs- und Verkürzung der Rentenbezugszeiten sind ebenfalls problematisch. Die Senkung des Rentensatzes stößt bei denjenigen, die lange erwerbstätig waren und sich ihre Ansprüche erarbeiteten, auf wenig Gegenliebe.

Dass die Altersvorsorge bereits in jungen Jahren in den Blick genommen und geplant werden sollte, damit im Alter eine gesicherte Rente garantiert ist, wird immer mehr zur Selbstverständlichkeit. Ob dies aber in Zukunft schon sooo früh geschehen muss ???

Und auch der Vorschlag einer beitragsfinanzierten Mindestrente, die zwar über dem Sozialhilfeniveau aber deutlich unter dem bisherigen Rentensatz liegen würde, wird unter Verweis auf das Äquivalenzprinzip fast durchgehend abgelehnt. Nach zähem Ringen zwischen den politischen Parteien und den Tarifpartnern wurde im Frühjahr 2001 mit Geltung ab Januar 2002 eine Rentenreform beschlossen, deren wichtigste Merkmale eine Begrenzung der Rentenbeiträge auf 20 % sowie die staatliche Förderung einer freiwilligen privaten Altersvorsorge sind. Doch auch mit dieser Reform ist der Konflikt zwischen den verschiedenen Betroffenen wohl nicht endgültig gelöst. Für die heutige junge Generation ergibt sich jedoch die Gewissheit, das sich ihre Altersvorsorge schwierig gestalten wird und frühzeitig Bestandteil der Lebensplanung und -gestaltung sein muss.

Neben der stets aktuellen Rentenfrage ist im Rahmen der Sozialpolitik für Senioren die **Pflegeproblematik** von besonderer Bedeutung. Pflegebedürftigkeit ist keinesfalls ein auf die Senioren begrenztes Problem, sondern betrifft auch andere Personenkreise wie z. B. Verletzte, Invalide, AIDS-Kranke, Mehrfachbehinderte etc. Dennoch sind zu einem großen Teil die alten Menschen und hier wiederum vor allem die sehr Alten die besonders Betroffenen. Die Pflegeversicherung von 1995 sollte dem zunehmenden Pflegeproblem etwas an Dramatik nehmen. Sowohl die häusliche Pflege durch Angehörige, die ambulante Pflege durch professionelle Anbieter oder gar die stationäre Pflege in Heimen ist äußerst aufwändig und mit zunehmendem Professionalisierungsgrad auch sehr teuer. Die Pflegeversicherung sollte eine finanzielle Entschädigung für pflegende Familienangehörige leisten und die ambulante sowie stationäre Pflege kostenmäßig auffangen. Ohne die Pflegeversicherung würden die Kosten für professionelle Pflege, die nicht von der Krankenversicherung abgedeckt sind, von den ohnehin belasteten Angehörigen zu tragen oder über die Sozialhilfe aufzubringen sein. Mit der Gestaltung als pflichtige Sozialversicherung wird die Solidargemeinschaft in die Verantwortung für das steigende „Pflegefallrisiko" eingebunden. Insgesamt ist die Pflegeversicherung eine der bedeutsamsten Neuerungen im System der sozialen Sicherung.

Sozialpolitik für alte Menschen greift jedoch weit über die Rentenfrage und das Pflegeproblem hinaus. Als relativ junge Felder der Seniorenpolitik haben sich die Themen altersgerechtes Wohnen und soziale Aktivierung entwickelt. Mit diesen Themen rückt das gewandelte Bild von Alter und Altern in den Vordergrund. Das Ausscheiden aus dem Erwerbsleben ist keineswegs mehr als Einstieg in den Ruhestand und Beginn des Lebensabends zu verstehen. Unruhe und Aktivitätsbereitschaft, vorhandenes Wissen und nutzbare Sozialkompetenz kennzeichnen das neue Selbstbild der Senioren. Die vorhandenen Kompetenzen wollen genutzt und erhalten werden. Damit steigt die Bedeutung von sozialen Diensten als Teilelement der Sozialpolitik für Alte. So wird z. B. beim betreuten Wohnen darauf geachtet, dass die alten Menschen möglichst weitgehend und lange ihre eigenen Kompetenzen der Lebensbewältigung nutzen und nur die Betreuungs- und Entlastungsangebote unterbreitet werden, die für ein selbstbestimmtes Leben benötigt werden.

Weiterhin nehmen die sozialen Dienste zu, die auf Aktivierung statt auf Versorgung setzen. „Fördern durch Fordern" ist das Motto der Angebote, die von Bildungsangeboten bis zur Seniorenkulturarbeit, von Reiseprojekten bis zur Einbindung in Berufsförderungskonzepte für junge Menschen reichen. Solche Bemühungen tragen mit dazu bei, ein positives Altenbild zu zeichnen, dessen sozial(politisch)e Bedeutung nicht nur darin liegt, den Alten in der aktiven Gesellschaft ihren Platz zu erhalten. Auch die Wirkung auf die nachfolgenden Generationen bleibt im Blick: Sie nehmen Alter nicht als Randständigkeit, Krankheit und Siechtum wahr, sondern als einen lebenswerten Lebensabschnitt. Der Dialog zwischen den Generationen kann so erleichtert werden.

An einer Vielzahl von Beispielen ließe sich den Fragen nachgehen, wer aus welchen Gründen und mit welchen Zielen sozialpolitisch erreicht wird. Doch fehlt hierfür einerseits der Platz in diesem Buch und andererseits würde es den inhaltlichen Rahmen dieser Einführung sprengen. Welchen Umfang die soziale Sicherung in unserem Staat hat und welche sozialen Aspekte davon betroffen sind, soll in tabellarischer Form vorgestellt werden, um so einen Einblick in die Vieldimensionalität der Sozialpolitik zu vermitteln.

Sozialbudget – Leistungen nach Institutionen (in Mrd. Euro)

Gegenstand der Nachweisung	2002	in %
Sozialleistung insgesamt	**685,1**	**100,0**
pro Kopf	8,3	
Sozialleistungsquote am Bruttoinlandsprodukt		32,5
Allgemeine Systeme	**436,9**	**63,77**
Allgemeine Systeme inkl. Beiträge d. Staates	473,7	69,15
darunter:		
– Rentenversicherung	232,9	34,00
– Krankenversicherung	141,2	20,61
– Pflegeversicherung	17,3	2,52
– Unfallversicherung	11,3	1,64
– Arbeitsförderung	71,0	10,37
Sondersysteme	**5,5**	**0,81**
(u. a. für Landwirte, Versorgungswerke)		
Leistungssysteme des öffentl. Dienstes	**52,1**	**7,60**
Leistungssysteme der Arbeitgeber	**55,9**	**8,17**
Entschädigungssysteme	**5,7**	**0,83**
Förder- und Fürsorgesysteme	**55,1**	**8,06**
darunter:		
– Kindergeld	0,1	0,02
– Erziehungsgeld	3,6	0,53
Direkte Leistungen	**610,4**	**89,10**
insgesamt		
Direkte Leistungen inkl. Beiträge des Staates	648,2	94,61
Indirekte Leistungen	**74,6**	**10,90**
darunter:		
Familienleistungsausgleich	36,0	5,26

Sozialbudget – Leistungen nach Funktionen (in Mrd. Euro)

Sozialbudget insgesamt	**685,1**	**100,0**
Ehe und Familie	**101,4**	**14,8**
Kinder und Jugendliche	70,4	10,2
Ehegatten	26,6	3,9
Mutterschaft	4,5	1,1
Gesundheit	**235,1**	**34,3**
Vorbeugung, Rehabilitation	12,8	1,9
Krankheit	159,9	23,3
Arbeitsunfall, Berufskrankheit	13,5	2,0
Invalidität (allgemein)	48,8	7,1
Beschäftigung	**66,6**	**9,7**
Berufliche Bildung	15,5	2,3
Mobilität	10,3	1,5
Arbeitslosigkeit	40,8	6,0
Alter und Hinterbliebene	**260,3**	**38,0**
Alter	251,6	36,7
Hinterbliebene	8,7	1,3
Übrige Funktionen	**21,7**	**3,2**
Folgen politischer Ereignisse	2,5	0,4
Wohnen	7,7	1,1
Sparen/Vermögensbildung	9,7	1,4
Allgemeine Lebenshilfen	1,8	0,3

Akteure in der Sozialpolitik

Wie in jedem anderen Politikfeld ist der politische Willensbildungs- und Entscheidungsprozess geprägt von einem intensiven Austausch einer Vielzahl an Akteuren. Selbstverständlich sind die Parteien sehr stark vertreten, aber auch Verbände, wie z. B. die Gewerkschaften, die Arbeitgeberverbände sowie Wohlfahrtsverbände und Sozialanspruchsvereinigungen (Lebenshilfe, Blindenverein etc.) beteiligen sich am sozialpolitischen Diskurs. Eine wichtige Rolle spielen auch die Sozialleistungsträger, u. a. die Kranken- und Rentenversicherungskassen, die Anbieter sozialer Dienste (Ärzte, Sozialpädagogen, Pflegedienste etc.) und nicht zuletzt die unterschiedlichen Sozialverwaltungsebenen (Städte und Gemeinden, Länder, Bund), die in der Finanzierungspflicht stehen, Rechts- und Fachaufsicht für soziale Dienste übernehmen und mit ihrem Sachverstand die politische Diskussion beeinflussen.

Keine politische **Partei** kann es sich heute leisten auf die Sozialpolitik kein besonderes Augenmerk zu richten. Sozialpolitische Arbeitskreise sind in den Parteigliederungen und den Parlamentsfraktionen aktiv, sozialpolitische Aussagen prägen die Wahlkämpfe, sozialpolitische Reformdebatten (Rentenreform, Gesundheitsreform, Arbeitsmarktprogramme etc.) sind ständiger Tagesordnungspunkt der Parlamente. Die wichtigen, in Bund und Ländern Verantwortung tragenden Parteien sind sich weitgehend einig im sozialpolitischen **Grundkonsens**, der jedoch nicht mit einem – faktisch nicht vorhandenen – strukturierten und durchgeplanten Sozialkonzept verwechselt werden darf:

- Aktive Sozialpolitik ist eine Kernaufgabe des Sozialstaats.
- Die wesentlichen Lebensrisiken sollen über Pflichtversicherungen abgedeckt werden.
- Für bestimmte Lebenslagen sowie bei sozialen Notlagen ist die öffentliche Hand in der Pflicht, gemäß des Versorgungs- bzw. Fürsorgeprinzips selbst oder unter Einbeziehung privater Träger Hilfe anzubieten.
- Die wichtigste Sozialpolitik ist eine gute Arbeitsmarkt- und Beschäftigungspolitik.
- Soziale Hilfen dürfen nicht die Selbsthilfefähigkeit der Menschen ersetzen oder in den Hintergrund rücken lassen.

Sobald es jedoch darum geht, über diesen Grundkonsens hinaus die konkrete Sozialpolitik zu gestalten, fallen deutliche Unterschiede zwischen den Parteien auf. Hierbei zeigt sich, dass die sozialpolitischen Positionsbestimmungen von den traditionellen ideologischen Fundamenten der Parteien beeinflusst sind. Setzen die Sozialdemokraten eher auf eine umfassendere staatliche Hilfe in den verschiedensten Lebenslagen und orientieren sie sich an der Situation von Arbeitern und Angestellten, so verweisen die Liberalen auf die Vorsorgepflicht des Einzelnen, auf individuellere Problemlösungen statt auf staatlich gelenkte Intervention. Die Christdemokraten und die CSU orientieren sich stark am Subsidiaritätsprinzip und der Verantwortung der Familie, während die PDS, als Extrembeispiel der sozialistisch orientierten Parteien, das gesamtgesellschaftliche Solidaritätsprinzip und die Fürsorgepflicht des Staates betont. Diese parteiprogrammatischen Differenzen beeinflussen die sozialpolitische Problemwahrnehmung und -deutung, sie führen zu unterschiedlichen Lösungsansätzen, die mal mehr individuell oder mehr kollektiv, mehr staatsorientiert oder mehr marktorientiert ausgerichtet sind, mehr wertgebunden oder mehr situationsgebunden diskutiert werden. Auffällig ist aber seit den späten 1970er-Jahren, dass sich sozialpolitische Entscheidungen vielfach von programmatischen Leitlinien lösen und die pragmatische Haltung fördern. Die **akute Finanzkrise der öffentlichen Hand** lässt nicht genug Spielraum, um ideologisch motivierte Ansätze umfassend zu verfolgen. Zudem trägt das ausgeprägte Kontroll- und Gegengewichtssystem in der bundesdeutschen Staatsordnung dazu bei, parteipolitische Konzepte zum Ausgleich zu zwingen. So ist denn die sozialpolitische Debatte weitgehend von einem Kompromissstreben und Konsensdruck geprägt, pragmatisch ausgerichtet und auf einer gemeinsamen Grundhaltung der wichtigen Parteien beruhend. Sie bleibt jedoch weiterhin ein **wichtiges Spiegelbild programmatischer Differenzen**, parteiideologischer Grundüberzeugungen und unterschiedlicher Weltdeutungen.

Sozialpolitik ist in jedem Wahlkampf ein zentrales Thema. Auch im Bundestagswahlkampf 2005 setzten sich die Parteien mit gesellschaftlichen Problemen und Fragestellungen auseinander.

Auszüge aus den 2005er-Wahlprogrammen der Bundestagsparteien sollen dies verdeutlichen:

- **SPD**: „Wir wollen eine starke Wirtschaft, deren Erträge fair verteilt werden, die Grundlage ist für den Wohlstand aller. Wir streiten für einen starken und sozialen Staat, der seinen Menschen höchstmögliche Sicherheit gibt. Wir erstreben eine menschliche Gesellschaft, die sich der Freiheit, der Gerechtigkeit und der Solidarität verpflichtet fühlen. [...] Deutschland ist stark geworden durch die Kraft seiner Menschen. Diese Kraft entsprang der Gewissheit, dass gemeinsam erreichter Wohlstand auch gerecht verteilt wird. Dass es Chancengleichheit gibt und Gerechtigkeit zwischen den Generationen. Soziale Gerechtigkeit muss bleiben. Wir wollen nicht ohne sie leben. [...] Soziale Marktwirtschaft steht für das bewährte Zusammenspiel von starker Wirtschaft, starken Arbeitnehmerinnen und Arbeitnehmern und funktionsfähigem Sozialstaat. [...] Vom langfristigen Ziel der Vollbeschäftigung lassen wir nicht ab; wir wollen ihr näher kommen. Arbeit sichert Lebensunterhalt. Arbeit ist Selbstverwirklichung. Arbeit schafft Wohlstand. Arbeit ist Teilhabe an der Gesellschaft.“

- **CDU/CSU**: „Für uns hat alles Vorrang, was mehr Menschen in Arbeit bringt. Denn die Massenarbeitslosigkeit verwehrt Millionen von Menschen die Teilhabe am gesellschaftlichen Leben, untergräbt soziale Sicherheit und die Einnahmebasis des Staates. Wir werden jede Maßnahme daran messen, ob sie Arbeitsplätze fördert oder Arbeitsplätze gefährdet. [...] Wir wollen ein Deutschland, in dem die Menschen füreinander einstehen und jeder sich darauf verlassen kann, dass eine starke Gemeinschaft Schutz und Sicherheit vor großen Lebensrisiken und vor inneren und äußeren Gefahren bietet. [...] Die gesetzliche Rentenversicherung wird immer eine wichtige Säule der Alterssicherung sein, aber sie bedarf zur Lebensstandardsicherung dringend der privaten Ergänzung. Zur langfristigen Stabilisierung der Rentenversicherung ist eine Verlängerung der Lebensarbeitszeit notwendig."
- **Bündnis 90/Die Grünen**: „Ziel einer emanzipatorischen Sozialpolitik muss sein, jedem Menschen von Anfang an die Bedingungen und Entwicklungsmöglichkeiten zu bieten, die eine gerechte Teilhabe am sozialen, wirtschaftlichen und gesellschaftlichen wie politischen Leben möglich machen. Wir brauchen eine Sozialpolitik, die wirksam und verlässlich gegen Armut schützt und Ausgrenzung verhindert. [...] Wir kämpfen für die Einführung der Bürgerversicherung. Wir wollen eine Versicherung aller Bürgerinnen und Bürger, um unser Krankenversicherungssystem solidarischer, gerechter und nachhaltiger zu machen. [...] Die gesetzliche Rente wird sich stärker zu einer Basisabsicherung entwickeln. Deshalb werden wir ergänzende private Vorsorge in unterschiedlichen Formen weiter fördern. Wir werden aber auch die Arbeitgeber und Arbeitgeberinnen nicht aus ihrer Verantwortung zur Mitfinanzierung unserer sozialen Sicherungssysteme entlassen."
- **FDP**: „Für die liberale Bürgergesellschaft müssen die Maßstäbe politischen Handelns neu definiert werden: Freiheit vor Gleichheit, Erwirtschaften vor Verteilen, Privat vor Staat, Eigenverantwortung statt Staatsgläubigkeit, Chancengleichheit statt Gleichmacherei. [...] Die Debatten der letzten Jahre handeln von den Chancen und den Herausforderungen der Globalisierung, den Risiken und Kosten eines überdehnten Sozialstaats und den Lebensumständen einer alternden Gesellschaft. [...] Eigenverantwortung ist nicht nur eine Pflicht in der bürgerlichen Gesellschaft, sondern auch ein Recht gegen Bevormundung durch die Bürokratie eines staatlich organisierten Kollektivs. Liberale wollen den liberalen Sozialstaat, nicht den sozialdemokratischen Wohlfahrtsstaat aller anderen Parteien. Es geht um Wohlstand und Lebenschancen für jeden einzelnen Bürger. Die zentrale Staatsaufgabe ist nicht Gleichheit, sondern die Sicherung von Chancen und Leistungsgerechtigkeit für jeden Menschen."

- **Die Linkspartei.PDS:** „Die Einkommen der Menschen müssen steigen, die Arbeitszeiten kürzer werden. Öffentliche Daseinsvorsorge und Dienstleistungen sind zu verbessern. Der Staat muss eine aktive Wirtschafts-, Sozial- und Ökologiepolitik betreiben. Mit gerechten Steuern lässt sich das auch finanzieren. [...] Es gibt eine soziale und demokratische Alternative zur Politik der faktischen großen Koalition der vergangenen sieben Jahre. [...] Die Linkspartei.PDS setzt sich gemeinsam mit anderen für Arbeit und soziale Gerechtigkeit, für soziale Grundrechte und individuelle Freiheitsrechte ein. [...] Eine zukunftsfähige Gesellschaft muss als Grundrecht garantieren, dass ihre Bürgerinnen und Bürger die Existenz aus eigener Kraft sichern können. Für über fünf Millionen Arbeitslose gilt dies in Deutschland heute nicht, denn ein Grundprinzip der gegenwärtigen Gesellschaft lautet, dass Menschen sich „rechnen" müssen. Wer sich nicht rechnet, wird entlassen."

Zwar sind die Parteien über ihre parlamentarische und Regierungsarbeit an entscheidender Stelle der Sozialpolitik, aber wichtige Impulse, Problemmeldungen und Handlungsvorschläge für die Sozialpolitik kommen zumeist von den **Organisierten Interessen**. Auf zwei bedeutsame Interessenorganisationen wurde oben bereits näher eingegangen. **Arbeitgeberverbände** und **Gewerkschaften** sind starke Akteure, die besonders auf den sozialpolitischen Feldern Arbeitsgestaltung, Arbeitsmarkt und Gestaltung der Sozialversicherungen mitwirken. Im Rahmen der Tarifautonomie sind sie verantwortlich für die Aushandlung von Löhnen, Gehältern, Arbeitszeiten, Kündigungsregelungen und vielem anderen mehr. Vertreter der beiden Verbandsgruppen sind zudem in den Kontroll- und Selbstverwaltungsgremien der Sozialversicherungen engagiert.

Und zum Dritten beteiligen sich die Zusammenschlüsse der Arbeitgeber und Arbeitnehmer auch am öffentlichen sozialpolitischen Diskurs: In parlamentarischen Anhörungen vertreten sie die Position ihrer Klientel, mit gezielter Lobbyarbeit versuchen sie Abgeordnete zu überzeugen, sie nutzen ihre Kontakte zu Ministerial- und Verwaltungsbeamten, um die Entscheidungsfindung zu beeinflussen und auch außerparlamentarisch machen sie Druck, z. B. mit Demonstrationen oder Plakataktionen.

Etwas anders sieht die Situation der Sozialleistungsvereinigungen, der Sozialanspruchsvereinigungen und der Selbsthilfegruppen aus. Besonders die Sozialleistungsvereinigungen sind im sozialpolitischen Diskurs als Forderer, als Planer und als Gestalter aktiv. Die wichtigsten Sozialleistungsvereinigungen sind die **Wohlfahrtsverbände**, deren größte Zusammenschlüsse die katholische **Caritas**, die evangelische Hilfsorganisation **Diakonisches Werk**, die der Arbeiterbewegung entstammende **Arbeiterwohlfahrt**, das **Deutsche Rote Kreuz** und der Dachverband spezialisierter Hilfsorganisationen **Deutscher Paritätischer Wohlfahrtsverband** sind. Ein weiteres Mitglied in der Bundesarbeitsgemeinschaft der Freien Wohlfahrtspflege ist die **Zentralwohlfahrtsstelle der Juden in Deutschland**.

Der Schwerpunkt sozialer Aktivitäten dieser Verbände ist die Organisation und Durchführung von Hilfen nach dem Versorgungs- und Fürsorgeprinzip, die sich vor allem mit sozialen Diensten direkt an die sozialen Zielgruppen wenden. Der weitaus größte Teil von sozialen Einrichtungen (Seniorenheime, Behindertenwerkstätten, Kinderheime, Kureinrichtungen, Asylbewerbersammelunterkünfte etc.) wird in Deutschland von den Wohlfahrtsverbänden getragen. Die Beratungsstellen für Schwangere, Überschuldete, Familien, Jugendliche in Krisensituationen, Suchtkranke etc. werden ebenfalls überwiegend von den freien Trägern unterhalten, und mit ihren professionellen sowie ehrenamtlichen Helferinnen und Helfern tragen sie das breite Netz an Betreuungsangeboten der Jugendarbeit, der Altenarbeit, der Krankenselbsthilfe usw. Entsprechend des **Subsidiaritätsprinzips** ist ihr Wirken vorrangig vor staatlichen sozialen Diensten.

Aber die Wohlfahrtsverbände erbringen nicht nur – mit staatlicher Förderung und im öffentlichen Auftrag – die sozialen Dienstleistungen. Dank ihrer Problemnähe, ihres hohen Sachverstandes und der Professionalität sind sie auch in der Lage, veränderte Problemkonstellationen zu erkennen, sozialpolitischen Veränderungs- und Handlungsbedarf anzumahnen und Lösungsvorschläge zu unterbreiten. So wurde beispielsweise die Forderung nach einer allgemeinen Pflegeversicherung im Jahr 1975 von der Arbeiterwohlfahrt erhoben und damit auf die politische Tagesordnung gesetzt, sodass zwanzig Jahre später die Versicherung auf eine gesetzliche Grundlage gestellt wurde.

In teilweiser Ergänzung und mitunter auch in Konkurrenz zu den großen Wohlfahrtsverbänden wirken die **Sozialanspruchsvereinigungen**. Sie konzentrieren Ihre Arbeit zumeist auf eine bestimmte soziale Zielgruppe. So stellt z. B. die Lebenshilfe die Lage von Menschen mit geistiger Behinderung in den Vordergrund, eine Arbeitsgemeinschaft bündelt Aktionen der Nichtsesshaftenhilfe, der Weiße Ring verweist auf die soziale Lage von Kriminalitätsopfern und viele andere Organisationen vertreten die Interessen von Blinden, Gehörlosen, Multiple-Sklerose-Kranken, spastisch Gelähmten – um nur einige zu nennen. Diese Verbände und ihre lokalen Untergliederungen machen auf die Notlage und die sozialen Hilfsbedürftigkeit ihrer Klientel gegenüber Politik,

Verwaltung und Öffentlichkeit aufmerksam und sie organisieren Hilfseinrichtungen, spezielle Beratungen und Selbsthilfekreise. Sie finanzieren ihre Tätigkeit im Wesentlichen über staatliche Förderung (hauptsächlich nach dem Versorgungsprinzip), durch Spenden oder auch wirtschaftliche Einnahmen. Das **Ehrenamt** hat in diesen Organisationen wie auch bei den Wohlfahrtsverbänden einen besonders hohen Stellenwert.

Im Organisationsgrad häufig schwächer und auch in ihrem politischen Wirkungsgrad eingeschränkter sind die **Selbsthilfeinitiativen**. Die Anonymen Alkoholiker, die Anonymen Spieler oder Schwulen- und Lesbenvereinigungen sind überregional wohl noch am bekanntesten. Zu den Selbsthilfeinitiativen zählen aber hauptsächlich lokale Gruppen, die z. B. eine Kindertagesstätte betreiben, Jugendzentren unterhalten, Gesprächskreise für Angehörige von Suchtkranken anregen etc. Ihr politischer Ansprechpartner ist zumeist nicht die „große" Sozialpolitik, sondern die örtliche Sozialverwaltung und der Gemeinderat. Dies mindert jedoch nicht ihre sozialpolitische Relevanz. Nah am Betroffenen, nah am sozialen Problem und nah an der konkreten Hilfe wirken sie oftmals als einzige Interessenorganisation für besondere soziale Zielgruppen. Eine hohe Kreativität und zielgerechte Aufgabenerfüllung jenseits der standardisierten Dienste trägt auch dazu bei, dass das Subsidiaritätsprinzip zum Tragen kommt. Statt nur nach dem Staat und nach staatlicher Hilfe zu rufen, arbeiten sie als Betroffene mit Betroffenen. Dies entspricht in besonderem Maße traditionellen (und im Sinne der Bürgergesellschaft durchaus modernen) Sozialprinzipien wie **Solidarität**, **Subsidiarität** und **Selbsthilfe**.

Doch bei aller politischer Aktivität und sozialer Dienstleistung am Menschen – in Deutschland geht nichts ohne **Verwaltung** und Organisation. Vom kommunalen Sozial- oder Jugendamt über die Länderverwaltungen bis zum Sozialministerium des Bundes, von den Sozialversicherungsträgern über eine Vielzahl von Sonderbehörden bis zu den mit juristischem, verwaltungstechnischem und sozialpädagogischem Sachverstand ausgestatteten Wohlfahrtsorganisationen – überall werden Ideen entwickelt, Programme entworfen, Gesetze vorformuliert, Anwendungsverordnungen verfasst, Finanzmittel beschafft und weiterverteilt, Personal angestellt und eingesetzt. Die öffentliche und freie Sozialverwaltung besitzt großen Einfluss bei der Gestaltung von Sozialpolitik. Sie meldet politischen Handlungsbedarf, plant Handlungsstrategien, ermisst was nötig und was umsetzbar ist. Sie überprüft die Effizienz und Effektivität sozialer Leistungen und organisiert diese.

Nimmt man nun noch **weitere Akteure** im sozialpolitischen Diskurs hinzu, wie z. B. die Sozial- und Arbeitsgerichtsbarkeit, öffentlich-rechtliche Vereinigungen wie die Kassenärztliche Vereinigung, Industrie- und Handelskammern oder Innungen, berufsständische Organisationen, Unternehmensverbände oder private Versicherungen, so wird deutlich, dass sich Sozialpolitik in Deutschland als ein komplexer, häufig langwieriger Politikprozess erweist. Schnelle und grundlegende Veränderungen in einem solchen System sind schwierig, sodass eher moderat weiterentwickelt als geplant umstrukturiert wird. Viele politische, finanzielle und machtbezogene Interessen spielen eine Rolle, unzählige Akteure wollen sich einbringen und jeder achtet darauf, dass den eigenen Klienten und Angehörigen der Besitzstand gewahrt bleibt. Dass Politik dem langsamen Bohren dicker Bretter gleicht – wie es der große deutsche Soziologe Max Weber einmal formulierte – ist im Bereich der Sozialpolitik besonders offensichtlich.

Defizite der aktuellen Sozialpolitik

Das Bild des sozialpolitischen Leistungsspektrums erinnert an einen Flickenteppich, vielgestaltig und bunt, vielfach geflickt und an einigen Stellen schon wieder eingerissen – so steht es ziemlich am Anfang dieses Kapitels. Im Laufe der Entwicklung in der Bundesrepublik Deutschland waren immer wieder neue Felder angenäht worden und es hieß, dass es ein stabiles soziales Netz gäbe. Manche Kritiker des „ausufernden Sozialstaats" sahen dieses Netz gar als „Hängematte", in dem sich die Faulen nieder- und von den Rechtschaffenen versorgen ließen.

Sie forderten denn auch, dass das soziale Netz ausgedünnt werden müsse, damit wieder Anreize entstünden, sich von der Fürsorge zu befreien und das Leben wieder in die eigene Hand zu nehmen. Zum Anfang des 21. Jahrhunderts macht der Blick auf den Flickenteppich nur an manchen Stellen und bei oberflächlicher Betrachtung einen guten Eindruck. Schaut man genauer hin, so wird deutlich, wo Löcher sind, wo einzelne Flicken recht fadenscheinig wirken und wo tiefe Einrisse bestehen.

Ein ganzes Bündel von Einflussfaktoren übt derzeit Druck auf die Gestaltung des Systems der sozialen Sicherung aus und trägt dazu bei, das schöne Bild des Sozialstaats zu trüben:

- Die akute Finanzkrise der öffentlichen Hand reduziert die Möglichkeiten, die steuerfinanzierten Versorgungs- und Fürsorgeleistungen aufzubringen. Die Folge sind Leistungskürzungen.
- Der medizinische Fortschritt, der demographische Wandel und die hohe Arbeitslosigkeit belasten durch steigende Ausgaben und sinkende Einnahmen die klassischen Sozialversicherungen.

- Die zunehmende Individualisierung der Gesellschaft lässt die Solidaritätsbereitschaft sinken.
- Die hohen Steuer- und Versicherungskosten belasten als Lohnnebenkosten sowohl die Arbeitnehmer als auch die Arbeitgeber und fördern den Wunsch nach Kostensenkung.
- Der Strukturwandel in der Wirtschaft übt heftigen Druck auf die soziale Sicherung in der Arbeitswelt aus. Der Flächentarifvertrag wird häufig als einengend und nicht genügend flexibel empfunden, und die Internationalisierung der Wirtschaft gefährdet die Sozialstandards in Deutschland.

Der Ruf nach dem Umbau oder gar Abbau der sozialen Sicherung wird darum aus unterschiedlichen Gründen von den verschiedensten Personengruppen geäußert. Doch auch dieser Um- oder Abbau wird überwiegend als „Flickwerk" vorgenommen. Hier werden die Anspruchshürden höher gesetzt, dort mehr Eigenbeitrag eingefordert, an anderer Stelle werden die Leistungsanpassungen verzögert und beim vierten Leistungspaket die Leistungen eingeschränkt. Der Um- und teilweise Abbau des sozialen Sicherungssystems trägt wesentlich mit dazu bei, dass die **Kluft zwischen Arm und Reich** in Deutschland größer und offensichtlicher wird.

Der bisherige Stand des Systems der sozialen Sicherung beruht grundsätzlich auf zwei Einflussgrößen. Zum einen ist dies die seit Bismarcks Zeiten bestehende Orientierung an einer Arbeitersozialpolitik, bei der der Erhalt der Arbeitskraft sowie die soziale Sicherung nach dem Arbeitsleben im Vordergrund stehen. Zum anderen ist der Ausbau der Sozialpolitik – insbesondere nach dem Versorgungsprinzip – auf die Befriedigung von Interessen spezifischer und hierbei auch politisch einflussreicher Wählerklientel zurückzuführen.

Personenkreise, die außerhalb des Systems der **Arbeitersozialpolitik** stehen und/oder als politisch einflussarm und machtlos gelten, trugen und tragen das Risiko, nur unzureichend in das Blickfeld der Sozialpolitiker zu rücken, sowie als erste beim Umbau oder Abbau der sozialen Sicherung von Leistungskürzungen betroffen zu sein. Auf dieser Schattenseite des Sozialstaates stehen dann besondere **Randgruppen** der Gesellschaft, die über Sozialpolitik nicht integriert werden sollen oder – nach Ansicht der sog. Leistungsträger – nicht integriert werden können: Asylbewerber, beruflich unterqualifizierte Arbeitsmigranten oder auf der Seite der deutschen Bevölkerung die Nichtsesshaften und Obdachlosen. An ihnen geht die Arbeitersozialpolitik vorbei.

Zu den politisch einflussarmen und machtlosen Gruppen in unserer Gesellschaft zählen insbesondere **Frauen und Kinder**. Die besonderen geschlechts- und altersspezifischen Risiken und Problemlagen werden nur unzureichend sozialpolitisch erfasst. Die Situation von Frauenhäusern als Fluchtstätte für in der Ehe geschlagene und vergewaltigte Frauen ist fast überall prekär. Der Unfall- und Alterssicherungsschutz für Hausfrauen ist wenig verlässlich, mit der Folge, dass sie bei Problemlagen in besonderem Maße auf das letzte und schwächste soziale Sicherungssystem, die Sozialhilfe, angewiesen sind. Dass die gesellschaftlich besonders bedeutsame Arbeit vieler Frauen im Rahmen der Kindererziehung und Kinderbetreuung nur marginal bei der Rentenberechnung anerkannt wird, zeugt von einer mangelnden konzeptionellen Schlüssigkeit des sozialen Sicherungssystems und widerspricht der von nahezu allen sozialpolitischen Akteuren geäußerten Anerkennung der bedeutenden Rolle der Familie und familiärer Erziehungsleistung.

Auch das soziale Sicherungssystem und die sozialen Dienste für Kinder und Jugendliche sind wenig stabil. Welche erheblichen Defizite hier bestehen, wird z. B. im 10. und 11. Kinder- und Jugendbericht der Bundesregierung (1999; 2002) und auch aus dem Nationalen Aktionsplan für ein kindergerechtes Deutschland 2005 – 2010 (2005) deutlich. Soziale Benachteiligungen und multiple Risiken lassen die Zukunftsperspektiven der Kinder aus armen Familien düster erscheinen – und dies betrifft immerhin jedes siebte Kind unserer Gesellschaft. Kindern und Jugendlichen fehlt in Deutschland eine machtvolle Lobby, die die Interessen dieser einflussschwächsten Bevölkerungsgruppe vertritt.

Neben den sozialpolitischen Defiziten für diese gesellschaftlichen Gruppen weist die soziale Sicherung jedoch auch in den bestehenden Leistungen beachtliche Probleme und Defizite auf. So wird z. B. die besondere Pflege- und Betreuungsbedürftigkeit für Demenz-Kranke von der Pflegeversicherung nicht anerkannt, so sind die Versorgungsverhältnisse in manchen Pflegeheimen derart schlecht, dass noch nicht einmal der „Mindeststandard – Satt und Sauber", geschweige denn eine altersgerechte Betreuung erreicht wird.

Die Liste von Defiziten im Sozialsystem ließe sich noch weiter verlängern. Statt sie hier jedoch auszuführen, sei auf die stetige Berichterstattung in der Tagespresse verwiesen, die soziale Probleme benennt und Handlungsforderungen verschiedenster sozialpolitischer Akteure wiedergibt. Die Probleme bleiben und sie werden sich weiter vergrößern, wenn nicht ein sozialpolitisches Umdenken erfolgt. Zu sehr wurde und wird in der Sozialpolitik Flickwerk betrieben und zu wenig wird darüber diskutiert, für welche Lebenslagen und für welche sozialen Bedarfe eine öffentliche Unterstützung wirklich angebracht ist. Erst die Gestaltung eines durchdachten und umfassend konzipierten Sozialsystems (oder, um im Bild zu bleiben: die Gestaltung eines Webteppichs statt des vorhanden Flickenteppichs) kann die Voraussetzung dafür schaffen, dass die soziale Sicherung ihren Hauptzielen gerecht wird: Die Gewährleistung eines würdevollen Lebens, die Schaffung von Chancengerechtigkeit und die Möglichkeit zur Persönlichkeitsentfaltung. Die ersten Artikel des Grundgesetzes für die Bundesrepublik Deutschland formulieren in vorbildlicher Art die Ansprüche an den Sozialstaat Deutschland. Sie sind der legitime Maßstab zur Beurteilung des Sozialsystems. Darum lohnt es sich politisch zu ringen.

Arbeitslosigkeit ist seit über 20 Jahren ein großes Problem. Obdachlose geraten oft aus dem Blick der Sozialpolitik.

Zusammenfassung

Die Sozialpolitik in Deutschland hat sich um ihren traditionellen Kern der Arbeitersozialpolitik zu einem breiten Spektrum vielseitiger Hilfen in verschiedensten Lebenslagen entwickelt. Der „**Sozialstaat für alle**" bietet eine bunte Vielfalt an sozialen Rechten, sozialen Geldern und sozialen Diensten. Trotz der Vielseitigkeit prägen einige wesentliche Prinzipien die Ausgestaltung der Sozialen Sicherung in Deutschland. Die Leistungsgrundlagen lassen sich einteilen in das **Versicherungsprinzip**, bei dem soziale Gelder und soziale Dienste entsprechend der Beitragsvorleistungen erbracht werden; das **Versorgungsprinzip**, das Leistungen an spezielle Lebenslagen knüpft sowie das **Fürsorgeprinzip**, bei dem Sozialhilfe, Arbeitslosengeld II und Jugendhilfe an festgestellte Bedürftigkeit gekoppelt sind. Weiterhin prägend sind das **Solidaritätsprinzip** („Einer für alle, alle für einen") sowie das **Subsidiaritätsprinzip** (vorrangig sind die Hilfen der Familie und der sozialen Gemeinschaft vor der nachrangigen öffentlichen Hilfeleistung). Intensiv wird in der Sozialpolitik darüber diskutiert, von dem **Kausalprinzip** (Orientierung an Unterstützung begründenden sozialen Lagen) zum **Finalprinzip** (Orientierung an Zielen und Ergebnissen sozialer Leistungen) das Sicherungssystem zu verändern.

Für mehr als drei Viertel der Bevölkerung sind Arbeitserträge der finanzielle Grundstock der sozialen Sicherheit. Aus diesem Grund wird der sozialen Gestaltung der Arbeitswelt, den Entlohnungsfragen und den Regelungen der Arbeitsbeziehungen besondere Bedeutung zugemessen. Der Staat regelt wichtige soziale Rahmenbedingungen, während die Tarifpartner im Rahmen der Tarifautonomie weitere Vereinbarungen treffen.

Ein wesentliches Aufgabengebiet der Sozialpolitik liegt in der Unterstützung von **Familien**. Die soziale Lage der Familien entspricht kaum noch dem traditionellen Familienideal. Kindergeld und Familienlastenausgleich sind Maßnahmen zur Familienunterstützung mit sozialen Geldern. Neben diesen Finanztransfers bedarf es jedoch auch weiterer sozialpolitischer Unterstützung, wie z. B. im Rahmen der Organisation von Kindergarten- und Schulzeiten, der Möglichkeit von Teilzeitarbeit oder Kinderbetreuungsmöglichkeiten, um die Vereinbarung von Familie und Beruf zu fördern und Eltern die Teilhabe am gesellschaftlichen Leben besser zu ermöglichen.

Kinder und Jugendliche sind eine weitere Gruppe, die im sozialpolitischen Fokus liegt. Ihre individuelle und soziale Entwicklung gilt es zu fördern, Benachteiligungen sind zu vermeiden oder abzubauen und sie sind vor Gefahren zu schützen. Rechtlicher Schutz für Kinder und Jugendliche, Betreuung und Förderung von jungen Menschen durch öffentliche und freie Jugendarbeit sowie bedarfsweise Erziehungshilfen sind wichtige soziale Leistungen für die Schwächsten unserer Gesellschaft.

Die Sozialpolitik für **alte Menschen** gehört ebenso zu den besonders intensiv bearbeiteten Feldern der Sozialpolitik. Angesichts des demographischen Wandels steht die Rentenfrage und Rentenreform derzeit ganz oben auf der sozialpolitischen Tagesordnung. Die Einführung der Pflegeversicherung hat für viele alte Menschen und ihre Angehörigen einen sozialen und wirtschaftlichen Fortschritt gebracht. Neue Themen der Sozialpolitik für alte Menschen sind die Forderung und Förderung der Seniorinnen und Senioren.

An der Planung und Gestaltung, der sozialpolitischen Willensbildung und Entscheidungsfindung ist in dem pluralistischen System der Bundesrepublik Deutschland eine Vielzahl an **Akteuren** beteiligt. Politische Parteien knüpfen ihre sozialpolitischen Vorstellungen an Parteiideologien und Menschenbilder, gestalten sie im Hinblick auf Wählerklientel und berücksichtigen auch die finanziellen Rahmenbedingungen des überschuldeten Staates. Auf Seiten der Interessenverbände bringen sich insbesondere die Arbeitgeberverbände und Gewerkschaften in die sozialpolitische Diskussion ein. Aber auch Sozialanspruchsverbände, Sozialleistungsverbände (insbesondere Wohlfahrtsverbände) und Selbsthilfeorganisationen nehmen Einfluss auf die Gestaltung des mit fast 700 Milliarden Euro größten Ausgabepostens der öffentlichen Haushalte. Zudem bringen die staatlichen, öffentlich-rechtlichen sowie Verbandsverwaltungen ihre Vorschläge in die Diskussion ein. Dies bedeutet, dass viele politische, finanzielle und machtbezogene Interessen den sozialpolitischen Diskurs prägen – und auch manchmal überformen.

Trotz des immensen Finanzaufwands für die soziale Sicherung und einer breiten Beteiligung am sozialpolitischen Willensbildungsprozess weist das Politikfeld deutliche **Defizite** auf. Zudem sind von der Arbeitersozialpolitik und der klientelistisch geprägten Versorgungspolitik einige Personengruppen nicht erfasst. Für Migranten und Nichtsesshafte, die außerhalb der Arbeitsbeziehungen stehen, sowie für einflussarme und machtlose Gruppen wie Frauen und Kinder erweist sich die Umgestaltung der Sozialpolitik vielfach nachteilig.

Angesichts der wachsenden Schwierigkeiten bei der Finanzierung des Sozialstaats bedürfte es einer grundlegenden Überarbeitung der Sozialpolitik, die sich vom Flickwerk löst und eine strukturierte Neugestaltung erfordert. Anspruch und Maßstab für die Sozialpolitik wären die ersten Artikel des Grundgesetzes für die Bundesrepublik Deutschland. Sie fordern die **Gewährleistung eines würdevollen Lebens**, die Schaffung von Chancengerechtigkeit und die Möglichkeiten zur Persönlichkeitsentfaltung.

Literatur

Andersen, Uwe, Wichard Woyke (Hg.): Handwörterbuch des politischen System der Bundesrepublik Deutschland. Opladen 2003.

Aufhauser, Rudolf, Manfred H. Bobke und Norbert Warga: Einführung in das Arbeits- und Sozialrecht der Bundesrepublik Deutschland. Bonn 1995.

Bäcker, Gerhard u. a.: Sozialpolitik und soziale Lage in Deutschland, Bd. 1. Opladen 2000.

Beck, Ulrich: Risikogesellschaft. Auf dem Weg in eine andere Moderne. Frankfurt a. M. 1986.

Bell, Daniel: Die nachindustrielle Gesellschaft. Frankfurt a. M./New York 1985.

Bellermann, Martin: Sozialpolitik. Eine Einführung für soziale Berufe. Freiburg i. Br. 1998.

Bolte, Karl Martin und Stefan Hradil: Soziale Ungleichheit in der Bundesrepublik Deutschland. Opladen 1988.

Bundesministerium für Familie, Senioren, Frauen und Jugend (Hg.): Elfter Kinder- und Jugendbericht. Bericht über die Lebenssituation junger Menschen und die Leistungen der Kinder- und Jugendhilfe in Deutschland. Berlin 2002.

Bundesministerium für Familie, Senioren, Frauen und Jugend (Hg.): Nationaler Aktionsplan. Für ein kindergerechtes Deutschland. 2005–2010. Berlin 2005.

Fischers Weltalmanach 2005. Frankfurt a. M. 2004.

Flaig, Berthold B., Thomas Meyer und Jörg Ueltzhöffer: Alltagsästhetik und politische Kultur. Zur ästhetischen Dimension politischer Bildung und politischer Kommunikation. Bonn 1994.

Frerich, Johannes: Sozialpolitik. Das Sozialleistungssystem der Bundesrepublik Deutschland. Darstellung, Probleme und Perspektiven der Sozialen Sicherung. München 1996.

Frevel, Bernhard: Demokratie. Entwicklung, Gestaltung, Problematisierung. Wiesbaden 2004.

Frevel, Bernhard, Berthold Dietz: Sozialpolitik kompakt. Wiesbaden 2004.

Geißler, Rainer: Die Sozialstruktur Deutschlands. Die gesellschaftliche Entwicklung vor und nach der Vereinigung. Wiesbaden 2002.

Geißler, Rainer (Hg.): Soziale Schichtung und Lebenschancen in Deutschland. Stuttgart 1994.

Greiffenhagen, Martin: Politische Legitimität in Deutschland. Bonn 1998.

Hradil, Stefan: Soziale Ungleichheit in Deutschland. Opladen 2001.

Reidegeld, Eckart: Staatliche Sozialpolitik in Deutschland. Opladen 1996.

Schäfers, Bernhard (Hg.): Grundbegriffe der Soziologie. Opladen 2003.

Schäfers, Bernhard und Wolfgang Zapf: Handwörterbuch zur Gesellschaft Deutschlands. Opladen 2001.

Schulze, Gerhard: Die Erlebnisgesellschaft. Kultursoziologie der Gegenwart. Frankfurt a. M./New York 1992.

Schmid, Josef: Wohlfahrtsstaaten im Vergleich. Opladen 2002.

Sinus Sociovision: Die Sinus-Milieus in Deutschland. 2004. In: www.sinus-sociovision.de

Statistisches Bundesamt (Hg.): Datenreport 2004. Zahlen und Fakten über die Bundesrepublik Deutschland. Bonn 2004.

Statistisches Bundesamt (Hg.): Bildung im Zahlenspiegel. Stuttgart 1998.

Vortmann, Heinz: Die soziale Sicherheit in der DDR, in: Weidenfeld, Werner und Hartmut Zimmermann (Hg.): Deutschland Handbuch. Eine doppelte Bilanz 1949–1989. Bonn 1989 (326–342).

Stichwortverzeichnis

Bildnachweis

Archiv für Kunst und Geschichte, Berlin: S. 4 r.; Bildarchiv Preußischer Kulturbesitz, Berlin: S. 4 l., 6 (2), 37 (2), 57 l., 59 (3); BMW/historisches Archiv, München: S. 41 l.; BMW Pressestelle, München: S. 41 r.; Bundesministerium für Arbeit und Sozialordnung, Berlin: S. 66, 91, 92; Bundeszentrale für Politische Bildung, Bonn: S. 9; DGB, Berlin: S. 79; Scherl/DIZ Bilderdienst Süddeutscher Verlag, München: S. 28; Ifd Allensbach, Archiv,: S. 20; Jugendzentrum Puchheim, Puchheim: S. 48 r.; Konrad-Adenauer-Stiftung e.V./Archiv für Christlich-Demokratische Politik (Plakatsammlung), Sankt Augustin: S. 95 r.; Hanns Erich Köhler (Hans Dollinger/Walther Keim: „Das waren Zeiten ...“, Süddeutscher Verlag, München, 1989): S. 75; Lübbe Verlag, Bergisch Gladbach: S. 101 r.; Yukimasa Hirota/Photonica, Hamburg: S. 95 l.; Thomas Plaßmann, Essen: S. 89; Robin Wood, Hamburg: S. 48 l.; Sinus Sociovision GmbH, Heidelberg: S. 24, 25; Statistisches Bundesamt (nur Daten), Wiesbaden: S. 14, 15, 16, 17, 18, 83; Karl Stehle, München: S. 57 r.; Tomicek/ Frankfurter Rundschau, Werl-Westönnen: S. 33; Wilde, München: S. 101 l.; Verlag Leske + Budrich (Bolte/Hradil 1988), Leverkusen: S. 22; Westdeutscher Verlag (Geißler 1992), Opladen: S. 23.

Umschlag:
Bintz, Lörrach: o. l.; F.A.Z.-Hochschulanzeiger (11/01), Frankfurt und Stephen Swintek/gettyimages, München: M. r.; Jugendzentrum Puchheim: u. l. und M.; Konrad-Adenauer-Stiftung e.V. (Archiv für Christlich-Demokratische Politik, Plakatsammlung), Sankt Augustin: M. l.; Peter Thomann/Stern, Hamburg: o. r.; Wilde, München: u. r.

(Bitte blättern Sie um)

Wirtschaft/Recht

Erdkunde

Deutsch

Französisch

Englisch

Latein

Religion

Ethik

Sport

Kunst

Fachübergreifend

Bestellungen bitte direkt an: STARK Verlagsgesellschaft mbH & Co. KG
Postfach 1852 · 85318 Freising · Tel: 08161 / 179-0 · FAX: 08161 / 179-51
Internet: www.stark-verlag.de · E-Mail: info@stark-verlag.de

STARK

15-V1T